PIZZA YANG HEBAT

CARA MEMBUAT 100 PIZA ITALI YANG LAZAT

Khu Liet Tia

Hak cipta terpelihara.

Penafian

Maklumat yang terkandung dalam eBook ini bertujuan untuk berfungsi sebagai koleksi strategi yang komprehensif yang telah dilakukan oleh pengarang eBook ini. Ringkasan, strategi, petua dan helah hanyalah cadangan oleh pengarang, dan membaca eBook ini tidak akan menjamin bahawa keputusan seseorang akan betul-betul mencerminkan hasil pengarang. Pengarang eBook telah melakukan segala usaha yang munasabah untuk memberikan maklumat terkini dan tepat untuk pembaca eBook. Pengarang dan rakan-rakannya tidak akan bertanggungjawab atas sebarang kesilapan atau peninggalan yang tidak disengajakan yang mungkin ditemui. Bahan dalam eBook mungkin termasuk maklumat oleh pihak ketiga. Bahan pihak ketiga terdiri daripada pendapat yang dinyatakan oleh pemiliknya. Oleh itu, pengarang eBook tidak memikul tanggungjawab atau liabiliti untuk sebarang bahan atau pendapat pihak ketiga.

EBook adalah hak cipta © 2022 dengan semua hak terpelihara. Adalah menyalahi undang-undang untuk mengedar semula, menyalin atau mencipta karya terbitan daripada eBook ini secara keseluruhan atau sebahagian. Tiada bahagian dalam laporan ini boleh diterbitkan semula atau dihantar semula dalam apa-apa pengeluaran semula atau dihantar semula dalam apa jua bentuk sekalipun tanpa kebenaran bertulis dan ditandatangani daripada pengarang.

ISI KANDUNGAN

ISI KANDUNGAN..4
PENGENALAN..8
    MENGKATEGORIKAN PIZZA..9
RESEPI PIZZA..11
    1. PIZZA AYAM BARBEKU...12
    2. PIZZA DAGING DAN CENDAWAN...................................16
    3. PIZZA BROKOLI DAN SOS KEJU..................................21
    4. PIZZA BROKOLI DAN SOS TOMATO................................25
    5. PIZZA AYAM KERBAU...29
    6. PIZA CHARD DAN KEJU BIRU....................................33
    7. CHORIZO DAN PIZZA LADA MERAH................................37
    8. PIZZA DELICATA SKUASY DAN CHARD.............................41
    9. PIZZA CONFIT ITIK...46
    10. PIZZA BEBOLA DAGING..50
    11. PIZZA UDANG MEXICO...55
    12. NACHO PIZZA...59
    13. PIZA KACANG DAN LOBAK MERAH................................63
    14. PIZZA CHEESESTEAK PHILLY...................................67
    15. PIZZA POLINESIA..71
    16. PIZZA PAI PERIUK...75
    17. PIZA KENTANG, BAWANG DAN CHUTNEY...........................80
    18. PIZZA PROSCIUTTO DAN ARUGULA...............................84
    19. PIZA REUBEN..88
    20. PIZZA AKAR PANGGANG..92
    21. SOSEJ DAN PIZZA EPAL.......................................97
    22. PIZZA SHIITAKE..101
    23. PIZA BAYAM DAN RICOTTA....................................105
    24. PIZA SALAD ARUGULA..109

25. Pizza Avocado 'N Everything..112
26. Pizza Ayam BBQ..115
27. Piza Strawberi BBQ...117
28. Brokoli Deep Dish Pizza..119
29. Pai Pizza Ayam Kerbau..124
30. Piza California..127
31. Pizza Bawang Karamel...131
32. Keju Calzone...134
33. Cherry Almond Pizza..137
34. Piza Gaya Chicago..140
35. Piza Deep-Dish...143
36. Piza ketuhar Belanda...147
37. Kon Pizza Salad Telur..150
38. Piza ara, taleggio dan radicchio...153
39. Pai Pizza Mentega Kacang Beku..157
40. Piza super panggang..160
41. Pizza Bakar..162
42. Pizza Putih Bakar dengan Soppressata.......................................166
43. Pizza Sayur Bakar..171
44. Piza Mozzarella, arugula dan lemon...174
45. Piza Mexico..178
46. Bagel Pizza Mini...182
47. Pizza Muffuletta...184
48. Pan Pizza..187
49. Cili Pizza Pepperoni...192
50. Pesto Pizza..195
51. Pizza Cheesesteak Philly...198
52. Piza pita dengan buah zaitun hijau...201
53. Pizza Burger...205
54. Lunchbox Pizza...207
55. Hidangan Buah-buahan Sejuk...209
56. Pizza berasap..211
59. Pizza Artisan..217
60. Pepperoni Pizza Dip..219

61. Pizza Tuna..221
62. Ayam Berperisa Pizza..223
63. Sarapan Pizza..226
64. Pizza Segar Taman..229
65. Kerang Piza..232
66. Pizza Kuali Itali Panas..235
67. Pizza Gaya New Orleans...238
68. Pizza Malam Khamis..241
69. Pizza Sayur Campur...244
70. Pizza Hamburger...246
71. Krim Pizza...249
72. Pizza Roma Fontina..252
73. Pizza Ayam Bayam Berempah..................................254
74. Pizza untuk Paskah...259
75. Pizza Super Mangkuk..263
76. Pizza Roti Leper...267
77. Pizza Awal Pagi...270
78. Piza Jalan Belakang..273
79. Pizza Mesra Kanak-Kanak..275
80. Pizza Gaya Pennsylvania...277
81. Piza Buttermilk...280
82. Pizza Worcestershire..283
83. Pizza Daging Lembu BBQ..286
84. Pizza Rigatoni...288
85. Pizza Gaya Mexico...290
86. Piza Mediterranean..294
87. Semua Pizza Lada dan Bawang................................297
88. SUKA Pizza...300
89. Pizza Tauhu Kentang..303
90. Piza Yunani..306
91. Salad Pizza...309
92. Pizza Pencuci Mulut...313
93. Piza Mini Berkelah...316
94. Pizza Walnut Tropika..319

95. Pizza Ayam Cranberry...321
96. Pizza Manis dan Masin..323
97. Pizza Dijon Musim Luruh...327
98. Pizza Mentega Gorgonzola..330
99. Piza Anggur Arugula...332
100. Pizza Gaya Perancis..335

KESIMPULAN..337

PENGENALAN

Pizza ialah pai rata dan muka terbuka yang berasal dari Itali, yang terdiri daripada kerak seperti roti yang dihiasi dengan sos tomato berperisa dan keju, selalunya dihiasi dengan daging dan sayur-sayuran yang lazat.

Secara tradisinya, pizza telah dikelaskan mengikut ketebalan, bentuk dan platform pemasangan.

Mengkategorikan Pizza

A. Ketebalan Kerak

Pizza datang dalam versi kerak nipis, sederhana dan tebal. Jumlah doh adalah faktor utama yang mempengaruhi ketebalan kerak. Walau bagaimanapun, jumlah kenaikan juga memainkan peranan. Doh yang sama ada kurang kembang atau lebih, atau sebaliknya diratakan sebelum dibakar, cenderung menghasilkan kerak yang lebih nipis daripada yang dibenarkan mengembang (atau kalis) ke tahap optimum selepas digulung dan sebelum dibakar.

B. bentuk

Piza juga dikelaskan mengikut bentuk — iaitu bulat dan segi empat tepat. Piza yang dibuat dalam kuali segi empat tepat kadangkala dipanggil piza "kedai roti Itali" — tempat ia berasal. Walau bagaimanapun, bulat adalah bentuk yang paling biasa dalam pizza, mungkin kerana ia adalah yang paling mudah untuk dibuat.

Terdapat juga bentuk istimewa, seperti piza berbentuk hati, yang merupakan kegemaran hari valentine abadi.

C. perhimpunan

Piza juga dikelaskan mengikut platform di mana ia dipasang. Pada asasnya, terdapat tiga: kuali, skrin dan kupas (atau dayung) — masing-masing dikenali sebagai piza kuali, piza skrin dan piza bakar. Piza kuali juga dipanggil pizza hidangan dalam dan pizza kuali. Piza kerak yang lebih tebal cenderung dibuat dalam kuali manakala yang lebih nipis sering dipasang pada skrin atau kulit. Apabila dibuat pada kulit, pizza dibakar terus di atas perapian atau dek ketuhar. Variasi pada piza yang dibakar dengan perapian melibatkan membuat dan membakar piza di atas kertas yang tidak dibakar dengan silikon.

RESEPI PIZZA

1. Pizza Ayam Barbeku

Bahan

- Sama ada tepung serba guna untuk kulit pizza atau semburan nonstick f
- 1 doh buatan sendiri
- 6 sudu besar sos barbeku (gunakan mana-mana jenis yang anda suka, panas hingga lembut)
- 4 auns (1/4 paun) salai provolon atau salai Swiss, dicincang
- 1 cawan daging ayam yang dicincang dan dimasak
- 1/2 bawang merah kecil, dipotong dadu (kira-kira 1/2 cawan)
- sudu teh daun oregano cincang atau 1/2 sudu teh oregano kering
- auns Parmigiana, parut halus
- 1/2 sudu teh serpihan lada merah, pilihan

Arah:

a) Doh segar di atas batu pizza. Mula-mula, taburkan sedikit kulit pizza dengan tepung. Masukkan doh dan bentukkan ia menjadi bulatan besar dengan mula-mula melesungkannya dengan hujung jari anda, kemudian mengambilnya di tepinya dan membentuknya dengan tangan anda menjadi bulatan kira-kira 14 inci diameter. Letakkan bahagian doh yang ditaburkan tepung ke bawah pada kulit.

b) Doh segar di atas dulang pizza. Gris sama ada dengan semburan nonstick dan letakkan doh dalam busut di tengah dulang atau loyang. Lesungkan doh dengan hujung jari, kemudian tarik dan tekan doh sehingga membentuk bulatan kira-kira 14 inci diameter di atas dulang atau segi empat tepat yang tidak teratur, kira-kira 13 × 7 inci, di atas loyang.

c) Kerak yang dibakar. Letakkannya di atas kulit pizza jika menggunakan batu pizza—atau letakkan kerak yang dibakar tepat di atas dulang pizza.

d) Gunakan spatula getah untuk meratakan sos barbeku ke atas doh yang disediakan, meninggalkan sempadan 1/2 inci di tepi. Teratas dengan keju salai yang dicincang.

e) Susun kepingan ayam di atas keju, kemudian taburkan dengan bawang besar dan oregano yang dipotong dadu.

f) Teratas dengan Parmigiana parut dan kepingan lada merah, jika digunakan. Luncurkan pai dari kulit ke batu yang sangat panas—atau letakkan dulang piza dengan painya sama ada betul-betul di dalam ketuhar atau pada bahagian jeriji gril yang tidak berada di atas sumber haba.

g) Bakar atau panggang dengan penutup tertutup sehingga kerak berwarna keemasan dan keju telah cair malah mula menjadi perang sedikit, 16 hingga 18 minit. Selitkan kembali kulit di bawah kerak untuk mengeluarkannya dari batu atau pindahkan dulang piza atau kepingan tepung dengan pai ke rak dawai. Ketepikan pai supaya sejuk selama 5 minit sebelum dihiris dan dihidangkan.

2. Pizza Daging dan Cendawan

Bahan

- Tepung serba guna untuk membersihkan kulit piza atau semburan nonstick untuk melincirkan dulang piza

- 1 doh buatan sendiri

- 1 sudu besar mentega tanpa garam

- 1 bawang kuning kecil, dicincang (kira-kira 1/2 cawan)

- 5 auns cremini atau cendawan butang putih, dihiris nipis (kira-kira 1 1/2 cawan)

- 8 auns (1/2 paun) daging lembu kisar tanpa lemak

- 2 sudu besar sherry kering, vermouth kering atau wain putih kering

- 1 sudu besar daun pasli cincang

- 2 sudu teh sos Worcestershire

- 1 sudu teh daun thyme bertangkai

- 1 sudu teh daun sage dikisar

- 1/2 sudu teh garam

- 1/2 sudu teh lada hitam yang baru dikisar
- 2 sudu besar sos stik botol
- 6 auns Cheddar, dicincang

Arah

a) Doh segar di atas batu pizza. Taburkan kulit pizza dengan tepung, tetapkan doh di tengahnya. Bentukkan doh menjadi bulatan besar dengan lesungkan dengan hujung jari.

b) Doh segar di atas batu pizza. Taburkan kulit pizza dengan tepung. Letakkan doh di atasnya dan gunakan hujung jari anda untuk lesungkan doh menjadi bulatan besar. Angkat doh di tepinya dan putarkannya di tangan anda sehingga ia menjadi bulatan diameter kira-kira 14 inci. Letakkan doh berbentuk tepung bahagian bawah pada kulit.

c) Doh segar di atas dulang pizza. Gris sama ada dengan semburan nonstick. Letakkan doh di atas dulang atau loyang pembakar dengan hujung jari anda— kemudian tarik dan tekan sehingga membentuk bulatan 14 inci di atas dulang atau segi empat tepat 12 × 7 inci yang tidak sekata pada loyang.

d) Kerak yang dibakar. Letakkannya di atas kulit pizza jika menggunakan batu pizza—atau letakkan kerak yang dibakar tepat di atas dulang pizza.

e) Cairkan mentega dalam set kuali besar dengan api sederhana. Masukkan bawang masak, kacau selalu, sehingga lembut, kira-kira 2 minit.

f) Masukkan cendawan terus masak, kacau sekali-sekala, sehingga ia lembut, keluarkan cecair mereka, dan ia menguap menjadi sayu, kira-kira 5 minit.

g) Hancurkan dalam masak daging lembu, kacau sekali-sekala, sehingga perang dan masak, kira-kira 4 minit.

h) Masukkan sherry, atau penggantinya, pasli, sos Worcestershire, thyme, sage, garam dan lada. Teruskan memasak, kacau sentiasa, sehingga kuali kering semula. Ketepikan api.

i) Sapukan sos stik secara merata ke atas kerak, meninggalkan sempadan 1/2 inci di tepi. Hiaskan dengan Cheddar yang dicincang, pastikan sempadan itu bersih.

j) Sudukan dan ratakan adunan daging kisar ke atas keju. Kemudian selitkan piza dari kulit ke batu panas—atau letakkan pai di atas dulang piza atau kepingan tepung sama ada di dalam ketuhar atau di atas bahagian parut gril yang tidak dipanaskan.

k) Bakar atau panggang dengan penutup tertutup sehingga keju mula menggelegak dan kerak berwarna perang di tepinya dan agak padat apabila disentuh, 16 hingga 18 minit. Pastikan anda meletuskan sebarang buih udara yang timbul pada doh segar, terutamanya di bahagian tepi dan terutamanya semasa 10 minit pertama membakar. Luncurkan kulit ke belakang di bawah kerak, berhati-hati agar tidak mengeluarkan topping, dan kemudian ketepikan selama 5 minit—atau letakkan piza di atas dulang pizza di atas rak dawai untuk jumlah masa yang sama sebelum dihiris dan dihidangkan. Oleh kerana ping atas sangat berat, piza mungkin tidak dapat dikeluarkan dengan mudah daripada kulit, dulang atau loyang sebelum dihiris. Jika menggunakan dulang nonstick atau lembaran pembakar, pindahkan keseluruhan pai ke papan pemotong dengan berhati-hati untuk mengelakkan permukaan tidak melekat.

3. Pizza Brokoli dan Sos Keju

Bahan

- Tepung serba guna untuk membersihkan kulit piza atau semburan nonstick untuk melincirkan dulang piza

- 1 doh buatan sendiri

- 2 sudu besar mentega tanpa garam

- 2 sudu besar tepung serba guna

- 11/4 cawan susu biasa, rendah lemak atau tanpa lemak

- 6 auns Cheddar, dicincang

- 1 sudu teh mustard Dijon

- 1 sudu teh daun thyme bertangkai atau 1/2 sudu teh thyme kering

- 1/2 sudu teh garam

- Beberapa sengkang sos lada merah panas

- 3 cawan kuntum brokoli segar, kuntum brokoli kukus atau beku, dicairkan (

- 2 auns Parmigiana atau Grana Padano, parut halus

Arah:

a) Doh segar di atas batu pizza. Taburkan kulit pizza dengan tepung. Letakkan doh di tengah-tengah kulit dan bentukkan doh menjadi bulatan besar dengan lesungkan dengan hujung jari anda. Angkat doh dan putarkannya dengan memegang tepinya, tarik sedikit semasa anda berbuat demikian, sehingga kerak menjadi bulatan kira-kira 14 inci diameter. Letakkan bahagian bawah tepung di atas kulit.

b) Doh segar di atas dulang pizza. Gris satu atau yang lain dengan semburan nonstick. Letakkan doh di atas dulang atau loyang lesung pipit doh dengan hujung jari sehingga menjadi bulatan leper. Cairkan mentega dalam set periuk besar dengan api sederhana. Pukul tepung sehingga sebati dan adunan yang terhasil menjadi perang sangat terang, kira-kira 1 minit.

c) Kecilkan api kepada sederhana-rendah dan pukul susu, tuangkan secara perlahan dan tetap ke dalam adunan mentega dan tepung. Teruskan kacau di atas api sehingga pekat, seperti aiskrim cair, mungkin sedikit nipis, kira-kira 3 minit atau pada tanda pertama reneh. Keluarkan kuali dari api dan pukul dalam Cheddar yang dicincang, mustard, thyme, garam, dan sos lada merah panas (secukup rasa). Sejukkan selama 10 hingga 15 minit, pukul sekali-sekala.

d) Jika anda bekerja dengan kerak yang dibakar, langkau langkah ini. Jika anda menggunakan doh segar, luncurkan kerak yang telah dibentuk tetapi belum di atasnya dari kulit ke batu panas atau letakkan kerak di atas dulang atau loyangnya sama ada di dalam ketuhar atau di atas bahagian parut gril yang tidak dipanaskan. Bakar atau panggang dengan penutup tertutup sehingga kerak berwarna coklat muda, berhati-hati untuk meletuskan sebarang buih udara yang timbul di permukaan atau di tepinya, kira-kira 12 minit. Luncurkan kulit ke belakang di bawah kerak untuk mengeluarkannya dari batu—atau pindahkan dulang piza dengan kerak ke rak dawai.

e) Sapukan sos keju pekat di atas kerak, tinggalkan sempadan 1/2 inci di tepi. Teratas dengan kuntum brokoli, susun secara rata di atas sos. Taburkan dengan Parmigiana parut.

4. Pizza Brokoli dan Sos Tomato

Bahan

- Sama ada tepung jagung kuning untuk membersihkan kulit piza atau minyak zaitun untuk melincirkan dulang piza
- 1 doh buatan sendiri
- 1 pimiento jarred besar atau lada merah panggang
- 1/2 sudu teh serpihan lada merah
- 1/2 cawan Sos Pizza Klasik
- 3 auns mozzarella, dicincang
- 3 auns provolon, Muenster, atau Havarti, dicincang
- 2 cawan kuntum brokoli beku atau kuntum segar, dikukus
- 1 auns Parmigiana atau Grana Padano, parut halus

Arah

a) Doh segar di atas batu pizza. Taburkan kulit pizza dengan tepung, tetapkan doh di tengahnya. Bentukkan doh menjadi bulatan besar dengan lesungkan dengan hujung jari.

b) Doh segar di atas batu pizza. Taburkan kulit pizza dengan tepung jagung. Letakkan doh sebagai ketulan pada kulit dan kemudian lesungkan dengan hujung jari anda sehingga ia menjadi bulatan besar. Angkat doh, pegang tepinya di kedua-dua tangan, dan putarkannya, regangan sedikit, sehingga bulatan kira-kira 14 inci diameter. Letakkan bahagian tepung jagung di atas kulit. Jika anda telah menggunakan Ejaan Pizza Dough, ia mungkin terlalu rapuh untuk dibentuk dengan teknik ini

c) Doh segar di atas dulang pizza. Griskan dulang atau loyang dengan minyak zaitun. Letakkan doh pada salah satu daripadanya dan lesungkan dengan hujung jari anda—kemudian tarik dan tekan doh sehingga membentuk bulatan 14 inci di atas dulang atau segi empat tepat yang tidak teratur, 13 inci panjang dengan lebar 7 inci, di atas loyang. Kerak yang dibakar. Letakkannya di atas kulit piza yang ditabur tepung jika menggunakan batu piza—atau letakkan kerak yang dibakar tepat di atas dulang piza.

d) Haluskan pimiento dengan kepingan lada merah dalam pemproses makanan mini sehingga halus. Sebagai alternatif, kisar mereka dalam mortar dengan alu sehingga pes licin. Mengetepikan. Sapukan sos piza secara merata ke atas kerak yang disediakan, meninggalkan sempadan 1/2 inci di tepi. Teratas dengan kedua-dua keju yang dicincang, memastikan sempadan itu utuh.

e) Taburkan bunga brokoli di sekeliling pai, sekali lagi biarkan sempadan itu utuh. Letakkan puri pimiento di atas, menggunakan kira-kira 1 sudu teh untuk setiap biji. Teratas dengan Parmigiana parut halus. Luncurkan piza dari kulitnya dengan berhati-hati ke atas batu panas —atau jika anda telah menggunakan dulang piza atau loyang, letakkan sama ada bersama painya di dalam ketuhar atau di atas bahagian parut gril yang tidak dipanaskan.

f) Bakar atau panggang dengan penutup tertutup sehingga keju cair, sos merah pekat, dan kerak berwarna perang keemasan dan padat apabila disentuh, 16 hingga 18 minit.

g) Sama ada selitkan kembali kulit di bawah piza untuk mengeluarkannya dari batu yang sangat panas atau pindahkan piza di atas dulang atau lembaran pembakarnya ke rak dawai. Jika anda ingin memastikan kerak kekal garing, keluarkan pai daripada kulit, dulang atau loyang selepas ia sejuk selama kira-kira 1 minit letakkan piza terus pada rak dawai. Walau apa pun, sejukkan selama 5 minit sebelum dihiris.

5. Pizza Ayam Kerbau

Bahan

- Sama ada tepung jagung kuning untuk membersihkan kulit piza atau mentega tanpa garam untuk melincirkan dulang piza

- 1 doh buatan sendiri

- 1 sudu besar mentega tanpa garam

- 10 auns dada ayam tanpa kulit tanpa tulang, dihiris nipis

- 1 sudu besar sos lada merah panas, sebaik-baiknya Tabasco

- 1 sudu besar sos Worcestershire

- 6 sudu besar sos cili botol, seperti Heinz

- 3 auns mozzarella, dicincang

- 3 auns Monterey Jack, dicincang

- 3 rusuk saderi sederhana, dihiris nipis

- Keju biru 2 auns, seperti Gorgonzola, biru Denmark atau Roquefort

Arah

a) Doh segar di atas batu pizza. Taburkan kulit pizza dengan tepung, tetapkan doh di tengahnya. Bentukkan doh menjadi bulatan besar dengan lesungkan dengan hujung jari.

b) Doh segar di atas batu pizza. Taburkan kulit pizza dengan tepung jagung. Letakkan doh di tengah-tengah kulit dan bentukkan doh menjadi bulatan besar dengan lesungkan dengan hujung jari anda. Angkat doh dan bentukkan dengan tangan anda, pegang tepinya, perlahan-lahan pusingkan doh sehingga menjadi bulatan diameter kira-kira 14 inci. Letakkan bahagian tepung jagung di atas kulit.

c) Doh segar pada lembaran penaik. Sapukan sedikit mentega tanpa garam pada tuala kertas, kemudian gosokkannya di sekeliling dulang piza untuk melincirkannya dengan teliti. Letakkan doh di atas dulang atau loyang lesung pipit doh dengan hujung jari sehingga menjadi bulatan leper. Kemudian tarik dan tekan sehingga membentuk bulatan 14 inci di atas dulang atau segi empat tepat 12 × 7 inci yang tidak teratur pada loyang. Kerak yang dibakar. Letakkannya di atas kulit piza yang ditaburi tepung jagung jika menggunakan batu piza—atau letakkan kerak yang dibakar pada dulang piza yang disapu mentega atau loyang besar.

d) Cairkan mentega dalam kuali besar atau set kuali dengan api sederhana. Masukkan hirisan ayam masak, kacau selalu, sehingga masak, kira-kira 5 minit. Keluarkan kuali atau kuali dari api dan kacau dalam sos lada merah panas dan sos Worcestershire. Sapukan sos cili di atas kerak, berhati-hati untuk meninggalkan sempadan 1/2 inci di tepi. Letakkan ayam yang telah dihiris bersalut di atas sos.

e) Teratas dengan mozzarella yang dicincang dan Monterey Jack, mengekalkan tepi kerak. Taburkan hirisan saderi ke atas pai. Akhir sekali, hancurkan keju biru secara sekata dalam sedikit dribs dan drabs di seluruh topping yang lain.

6. Piza Chard dan Keju Biru

Bahan

- Tepung jagung kuning untuk semburan kulit atau nonstick untuk dulang piza atau loyang
- 1 doh buatan sendiri,
- 2 sudu besar mentega tanpa garam
- 3 ulas bawang putih, dikisar
- 4 cawan padat, dicincang, bertangkai daun chard Swiss
- 6 auns mozzarella, dicincang
- 1/3 cawan hancur Gorgonzola, biru Denmark, atau Roquefort
- 1/2 sudu teh buah pala parut
- Sehingga 1/2 sudu teh kepingan lada merah, pilihan

Arah

a) Doh segar di atas batu pizza. Taburkan kulit pizza dengan tepung, tetapkan doh di tengahnya. Bentukkan doh menjadi bulatan besar dengan lesungkan dengan hujung jari.

b) Doh pizza segar di atas batu pizza. Taburkan kulit pizza dengan tepung jagung, kemudian tetapkan doh di tengahnya. Bentukkannya menjadi bulatan besar dengan lesungkannya dengan hujung jari anda. Angkat dan bentukkan dengan tangan anda, pegang tepinya, perlahan-lahan pusingkan doh sehingga diameter kira-kira 14 inci. Letakkan bahagian bawah tepung di atas kulit.

c) Doh segar di atas dulang pizza. Gris salah satu dengan semburan tidak melekat. Letakkan doh di atas dulang atau loyang dan lesungkan doh dengan hujung jari anda—kemudian tarik dan tekan sehingga membentuk bulatan 14 inci di atas dulang atau segi empat tepat tidak sekata 12 × 7 inci pada loyang.

d) Kerak yang dibakar. Letakkannya di atas kulit pizza jika menggunakan batu pizza—atau letakkan kerak yang dibakar tepat di atas dulang pizza.

e) Panaskan mentega dalam kuali besar dengan api sederhana. Masukkan bawang putih dan masak selama 1 minit.

f) Masukkan sayur-sayuran dan masak, tos kerap menggunakan penyepit atau dua garpu, sehingga lembut dan layu, kira-kira 4 minit. Mengetepikan.

g) Taburkan mozzarella yang dicincang ke atas doh, tinggalkan sempadan 1/2 inci di sekeliling tepi.

h) Teratas dengan campuran sayur-sayuran dari kuali, kemudian taburkan keju biru di atas pizza. Parut buah pala di bahagian atas dan taburkan pada kepingan lada merah, jika mahu.

i) Selitkan piza dari kulit ke batu panas atau letakkan pai di atas dulang atau kepingan tepungnya sama ada di dalam ketuhar atau di bahagian panggangan yang tidak dipanaskan. Bakar atau panggang dengan penutup tertutup sehingga keju cair dan menggelegak dan keraknya padat apabila disentuh, 16 hingga 18 minit. Selitkan kembali kulit di bawah pai untuk mengeluarkannya dari batu panas, kemudian ketepikan—atau pindahkan pai pada dulang atau lembaran pembakarnya ke rak dawai. Sejukkan selama 5 minit sebelum dihiris.

7. Chorizo dan Pizza Lada Merah

Bahan

- Sama ada tepung serba guna untuk membersihkan kulit atau semburan nonstick untuk melincirkan dulang piza
- 1 doh buatan sendiri,
- 1 lada benggala merah sederhana
- tomato yang dijemur di bawah sinar matahari yang dibungkus dengan minyak
- 1 ulas bawang putih, dibelah empat
- auns mozzarella atau Monterey Jack, dicincang
- 4 auns (1/4 paun) chorizo Sepanyol sedia untuk dimakan, dihiris nipis
- 1/2 cawan buah zaitun hijau yang dihiris
- 3 auns Manchego atau Parmigiana, dicukur menjadi jalur nipis

Arah

a) Doh segar di atas batu pizza. Taburkan kulit pizza dengan tepung, tetapkan doh di tengahnya. Bentukkan doh menjadi bulatan besar dengan lesungkan dengan hujung jari.

b) Doh segar di atas batu pizza. Mulakan dengan menyapu kulit pizza dengan tepung, kemudian tetapkan doh di tengahnya. Gunakan hujung jari anda untuk meleburkan doh, ratakan sedikit sehingga menjadi bulatan leper. Angkat dan bentukkannya dengan memegang tepinya dan putar perlahan-lahan sehingga diameternya kira-kira 14 inci. Letakkan bahagian bawah tepung di atas kulit.

c) Doh segar pada lembaran penaik. Griskan dulang piza dengan semburan tidak melekat. Letakkan doh di atas dulang atau loyang pembakar dengan hujung jari sehingga bulatan leper—kemudian tarik dan tekan sehingga membentuk bulatan 14 inci di atas dulang atau segi empat tepat 12 × 17 inci yang tidak sekata pada loyang. Kerak yang dibakar. Letakkannya di atas kulit piza yang ditabur tepung jika menggunakan batu piza—atau letakkan kerak yang dibakar tepat di atas dulang piza.

d) Letakkan lada di atas lembaran pembakar kecil berbibir dan panggang 4 hingga 6 inci dari ayam pedaging yang telah dipanaskan sehingga hitam di sekelilingnya, pusing sekali-sekala, kira-kira 4 minit. Dalam kedua-dua kes, letakkan lada hitam dalam mangkuk kecil dan tutup rapat dengan bungkus plastik atau segel dalam beg kertas. Ketepikan selama 10 minit.

e) Kupas bahagian luar yang menghitam dari lada. Tidak perlu mengeluarkan setiap sedikit hitam. Batang, inti, dan biji lada sebelum mengoyakkannya menjadi kepingan besar. Letakkan kepingan ini dalam pemproses makanan. Masukkan tomato kering dan proses bawang putih sehingga pes yang agak licin, mengikis bahagian tepi dengan spatula getah jika perlu. Sapukan campuran lada di atas kerak, meninggalkan sempadan 1/2 inci di tepi. Teratas campuran lada dengan keju yang dicincang, dan kemudian susun hirisan chorizo di atas pizza.

f) Taburkan buah zaitun di atas pai, dan kemudian letakkan jalur Manchego yang dicukur di atas topping.

8. Pizza Delicata Skuasy dan Chard

Bahan

- Tepung serba guna untuk kulit piza atau minyak zaitun untuk dulang piza
- 1 doh buatan sendiri
- 1 sudu besar mentega tanpa garam
- bawang kuning kecil, dicincang (kira-kira 1/2 cawan)
- skuasy delicata yang dibiji dan dipotong dadu (2 atau 3 skuasy sederhana)
- 4 cawan cincang, bertangkai daun chard Swiss
- 1/4 cawan wain putih kering atau vermouth kering
- sudu sirap maple
- 1 sudu teh daun sage dikisar
- 1/2 sudu teh kayu manis tanah
- 1/2 sudu teh garam
- 1/2 sudu teh lada hitam yang baru dikisar
- 8 auns Fontina, dicincang

Arah

a) Doh segar di atas batu pizza. Taburkan kulit pizza dengan tepung, tetapkan doh di tengahnya. Bentukkan doh menjadi bulatan besar dengan lesungkan dengan hujung jari.

b) Doh segar di atas batu pizza. Taburkan sedikit kulit pizza dengan tepung. Masukkan doh dan bentukkan bulatan besar dengan lesungkan dengan hujung jari. Angkatnya dengan kedua-dua tangan di tepinya dan putarkannya perlahan-lahan, biarkan graviti meregangkan bulatan sambil anda juga melakukannya di tepinya, sehingga diameternya kira-kira 14 inci. Letakkan doh berbentuk tepung bahagian bawah pada kulit.

c) Doh segar di atas dulang pizza. Griskan dulang atau loyang dengan sedikit minyak zaitun. Letakkan doh di tengah dan lesungkan doh dengan hujung jari anda untuk meratakannya menjadi bulatan tebal—kemudian tarik dan tekan sehingga membentuk bulatan 14 inci di atas dulang atau segi empat tepat 12 × 7 inci yang tidak sekata pada loyang. .

d) Kerak yang dibakar. Letakkannya di atas kulit pizza yang ditabur tepung jika menggunakan batu pizza—atau letakkan kerak yang dibakar di atas dulang pizza. Cairkan mentega dalam set kuali besar di atas api sederhana kemudian masukkan bawang dan masak, kacau kerap, sehingga lut sinar, kira-kira 3 minit. Masukkan labu yang dipotong dadu dan masak, kacau sekali-sekala, selama 4 minit. Masukkan chard cincang dan tuangkan wain atau vermouth. Kacau sentiasa sehingga sebahagian layu kemudian masukkan sirap maple, sage, kayu manis, garam, dan lada sulah.

e) Gaul rata, tutup, kecilkan api, dan masak, kacau sekali-sekala, sehingga chard dan labu lembut dan cecair telah sejat menjadi sayu, kira-kira 8 minit. Ratakan Fontina yang dicincang di atas kerak, meninggalkan sempadan 1/2 inci di sekeliling tepinya.

f) Sendukkan skuasy dan topping chard secara rata ke atas keju. Keluarkan kerak dari kulit dan ke atas batu yang dipanaskan atau letakkan pai di atas dulang atau loyang di dalam ketuhar atau di atas bahagian panggangan yang tidak dipanaskan. Bakar atau panggang dengan penutup tertutup sehingga keju menggelegak dan kerak menjadi perang keemasan, 16 hingga 18 minit.

g) Selitkan kembali kulit di bawah kerak untuk mengeluarkannya dari batu dan sejukkan selama

5 minit, atau pindahkan pai pada dulang atau lembaran pembakarnya ke rak dawai untuk menyejukkan selama 5 minit.

9. Pizza Confit Itik

Bahan

- Tepung serba guna untuk kulit pizza atau semburan nonstick untuk dulang pizza

- 1 doh buatan sendiri

- 4 auns (1/4 paun) Gruyère, dicincang

- 1/3 cawan kacang putih dalam tin, toskan dan bilas

- 1 kepala bawang putih panggang

- 2 sudu besar daun sage dicincang atau 1 sudu besar sage kering

- 2 sudu teh daun thyme bertangkai atau 1 sudu teh thyme kering

- 1/2 sudu teh garam

- 1/2 sudu teh lada hitam yang baru dikisar

- 4 auns kaki itik confit, dibuang tulang dan daging dicincang

- 2auns salai, kielbasa sedia untuk dimakan, dihiris nipis

- 1 1/2 auns Parmigiana, parut halus

Arah

a) Doh segar di atas batu pizza. Taburkan kulit pizza dengan tepung, tetapkan doh di tengahnya. Bentukkan doh menjadi bulatan besar dengan lesungkan dengan hujung jari.

b) Doh segar di atas batu pizza. Selepas anda menyapu kulit piza dengan tepung, tetapkan doh di tengahnya dan lesungkan doh dengan hujung jari anda, regangkannya sehingga ia menjadi bulatan yang rata dan beralun. Angkat tepinya dan putarkannya perlahan-lahan di tangan anda, regangkan tepi semasa anda berbuat demikian, sehingga ia menjadi bulatan dengan diameter kira-kira 14 inci. Letakkan bahagian doh yang ditaburkan tepung ke bawah pada kulit.

c) Doh segar di atas dulang pizza. Gris sama ada dengan semburan nonstick dan tetapkan doh di tengah. Lesungkan doh dengan hujung jari anda —kemudian tarik dan tekan doh sehingga membentuk bulatan 14 inci di atas dulang atau segi empat tepat yang tidak sekata, kira-kira 12 inci panjang dan 7 inci lebar, di atas loyang. Kerak yang dibakar. Letakkannya di atas kulit piza yang ditabur tepung jika menggunakan batu piza—atau letakkan kerak yang dibakar di atas dulang piza yang telah digris.

d) Sapukan Gruyère yang dicincang di atas kerak, meninggalkan sempadan 1/2 inci di tepi. Taburkan keju dengan kacang, kemudian perahkan pulpa bawang putih ke atas pizza. Jika anda menggunakan bawang putih panggang yang dibeli, belah tiga ulas supaya ia boleh ditaburkan di atas pai. Taburkan dengan bijak, thyme, garam, dan lada.

e) Susun daging confit itik yang dicincang dan kielbasa dibulatkan di atas pai, kemudian di atasnya dengan Parmigiana parut. Luncurkan pai dari kulit ke atas batu yang dipanaskan atau letakkan pai di atas dulang pizanya sama ada di dalam ketuhar atau pada bahagian parut gril yang tidak dipanaskan.

f) Bakar atau panggang dengan penutup tertutup sehingga kerak berwarna perang sedikit dan agak padat apabila disentuh, 16 hingga 18 minit. Jika ada gelembung udara timbul di sekeliling tepi doh segar, cucuk dengan garpu.

10.   Pizza Bebola Daging

Bahan

- Sama ada tepung serba guna untuk kulit piza atau minyak zaitun untuk dulang piza
- 1 doh buatan sendiri
- 8 auns (1/2 paun) daging lembu kisar tanpa lemak
- 1/4 cawan daun pasli dicincang
- 2 sudu besar serbuk roti kering biasa
- 1/2-auns Asiago, Grana Padano atau Pecorino, parut halus
- 2 sudu teh daun oregano cincang atau 1 sudu teh oregano kering
- 1/2 sudu teh biji adas
- 1/4 sudu teh garam
- 1/4 sudu teh lada hitam yang baru dikisar 5 ulas bawang putih, dikisar
- 1 sudu besar minyak zaitun
- 1 bawang kuning kecil, dicincang (kira-kira 1/2 cawan)

- 14-auns tin tomato hancur
- 1 sudu teh daun thyme bertangkai
- 1/4 sudu teh pala parut atau dikisar dan 1/4 sudu teh bunga cengkih yang dikisar
- 1/4 sudu teh serpihan lada merah
- 6 auns mozzarella, dicincang
- 2 auns Parmigiana, dicukur menjadi jalur nipis

Arah

a) Doh segar di atas batu pizza. Taburkan kulit pizza dengan tepung, letakkan doh di tengahnya, dan bentukkan doh menjadi bulatan besar dengan melesungkannya dengan hujung jari anda. Angkat dan bentukkannya dengan memegang tepinya dan putarkannya, sambil meregangkannya perlahan-lahan, sehingga diameternya kira-kira 14 inci. Letakkan bahagian bawah tepung di atas kulit.

b) Doh segar di atas dulang pizza. Sapukan sedikit minyak zaitun pada tuala kertas dan griskan dulang. Letakkan doh di tengah-tengah dan lesungkan doh dengan hujung jari sehingga bulatan leper—kemudian tarik dan tekan sehingga membentuk bulatan 14 inci di atas dulang atau segi empat tepat 12 × 7 inci yang tidak sekata pada loyang.

c) Letakkannya di atas kulit piza yang ditabur tepung jika menggunakan batu piza—atau letakkan kerak yang dibakar di atas dulang piza yang telah digris.

d) Campurkan daging lembu, pasli, serbuk roti, keju parut, oregano, biji adas, 1/2 sudu teh garam, 1/2 sudu teh lada, dan 1 ulas bawang putih cincang dalam mangkuk besar sehingga sebati. Bentukkan kepada 10 bebola daging, menggunakan kira-kira 2 sudu besar adunan untuk setiap satu.

e) Panaskan minyak zaitun dalam periuk besar dengan api sederhana. Masukkan bawang dan baki 4 ulas bawang putih cincang masak, kacau selalu, sehingga lembut, kira-kira 3 minit.

f) Kacau dalam tomato hancur, thyme, buah pala, bunga cengkih, kepingan lada merah, baki 1/4 sudu teh garam, dan baki 1/4 sudu teh lada. Masukkan bebola daging dan biarkan mendidih.

g) Kecilkan api ke rendah dan reneh, tidak bertutup, sehingga sos telah pekat dan bebola daging masak, kira-kira 20 minit. Sejukkan pada suhu bilik selama 20 minit.

h) Sapukan mozzarella yang dicincang di atas kerak yang disediakan, meninggalkan sempadan 1/2 inci di tepi. Keluarkan bebola daging dari sos tomato dan ketepikan. Sudukan dan sapukan sos tomato ke atas keju, berhati-hati untuk mengekalkan sempadannya.

i) Potong setiap bebola daging separuh dan letakkan bahagian yang dipotong ke bawah di seluruh pai. Teratas dengan lada benggala yang dipotong dadu dan kemudian Parmigiana yang dicukur. Selitkan piza dari kulit ke batu panas atau letakkan piza di atas dulang atau lembaran pembakarnya sama ada di dalam ketuhar atau di atas bahagian parut gril yang tidak dipanaskan.

j) Bakar atau panggang dengan penutup tertutup sehingga sos menggelegak dan kerak menjadi perang keemasan, 16 hingga 18 minit. Luncurkan kulit ke belakang di bawah kerak untuk mengeluarkannya dari batu panas atau pindahkan pai di atas dulang ke rak dawai. Sejukkan selama 5 minit sebelum dihiris.

11. Pizza Udang Mexico

Bahan

- Tepung serba guna untuk membersihkan kulit piza atau semburan nonstick untuk melincirkan dulang piza
- 1 doh buatan sendiri,
- 6 auns udang sederhana (kira-kira 30 setiap paun), dikupas dan dikeringkan
- 8 auns (1/2 paun) tomato ceri, dicincang
- 1 bawang merah sederhana, dikisar
- 1 1/2 sudu besar daun ketumbar kisar
- 1 sudu besar minyak zaitun extra-virgin
- 1 sudu teh cuka wain merah
- 1/4 sudu teh garam
- 6 auns Cheddar, dicincang
- 1 jalapeño jeruk jarred sederhana, dibiji dan dicincang
- 1 sudu teh biji jintan manis, ditumbuk

Arah

a) Doh segar di atas batu pizza. Taburkan kulit pizza dengan tepung, letakkan doh di tengahnya, dan bentukkan doh menjadi bulatan besar yang dileperkan dengan melesungkannya dengan hujung jari anda. Angkat dan bentukkan dengan memegang tepinya dan perlahan-lahan pusing dan regangkan doh sehingga diameter kira-kira 14 inci. Letakkan bahagian bawah tepung di atas kulit.

b) Doh segar di atas dulang pizza. Gris sama ada dengan semburan nonstick, kemudian tetapkan doh di tengah. Lesungkan doh dengan hujung jari anda— kemudian tarik dan tekan doh sehingga membentuk bulatan kira-kira 14 inci diameter di atas dulang atau segi empat tepat 12 × 7 inci yang tidak sekata pada loyang. Kerak yang dibakar. Letakkannya di atas kulit pizza jika menggunakan batu pizza—atau letakkan kerak yang dibakar tepat di atas dulang pizza.

c) Muatkan periuk sederhana dengan pengukus sayur. Masukkan satu inci air (tetapi jangan sampai air naik ke dalam pengukus) ke dalam kuali dan biarkan air mendidih dengan api yang tinggi. Masukkan udang, tutup, kecilkan api, dan kukus sehingga merah jambu dan padat, kira-kira 3 minit. Angkat dan segarkan di bawah air sejuk untuk menghentikan masakan mereka. Potong ke dalam bit bersaiz gigitan. Campurkan tomato ceri, bawang merah, ketumbar, minyak zaitun, cuka, dan garam dalam mangkuk kecil. Sapukan campuran ini ke atas kerak yang disediakan, tinggalkan sempadan 1/2 inci di rim.

d) Teratas dengan Cheddar yang dicincang, kemudian taburkan pada udang cincang, jalapeño cincang, dan biji jintan yang dihancurkan. Luncurkan piza dari kulit ke batu panas atau letakkan pai di atas dulang atau lembaran pembakarnya sama ada di dalam ketuhar atau pada bahagian parut gril yang tidak berada di atas sumber haba atau arang batu. Bakar atau panggang dengan penutup tertutup sehingga kerak berwarna keemasan dan keju telah cair, 16 hingga 18 minit. Jika menggunakan doh segar, sama ada buatan sendiri atau dibeli di kedai, semak sekali-sekala supaya anda boleh menusuk sebarang buih udara yang mungkin timbul pada permukaannya. Apabila piza siap, selipkan kulitnya ke bawah untuk mengeluarkannya dari batu atau pindahkan pai pada dulang atau loyangnya ke rak dawai. Sejukkan selama 5 minit sebelum dihiris dan dihidangkan.

12. Nacho Pizza

Bahan

- Tepung jagung kuning untuk membersihkan kulit piza atau semburan nonstick untuk melincirkan dulang piza
- 1 doh buatan sendiri
- 1 1/4 cawan kacang goreng dalam tin
- 6 auns Monterey Jack, dicincang
- 3 tomato plum sederhana, dicincang
- 1/2 sudu teh jintan halus
- sudu teh daun oregano cincang atau 1/2 sudu teh oregano kering
- 1/2 sudu teh garam
- 1/2 sudu teh lada hitam yang baru dikisar
- 1/3 cawan salsa
- 1/2 cawan krim masam biasa atau rendah lemak
- Hirisan jalapeño jeruk berjeraji, secukup rasa

Arah

a) Doh segar di atas batu pizza. Taburkan kulit pizza dengan tepung jagung, letakkan doh di tengahnya, dan bentukkan doh menjadi bulatan besar dengan melesungkannya dengan hujung jari anda. Angkat dan bentukkan dengan tangan anda di tepinya, perlahan-lahan pusingkan doh sehingga diameter kira-kira 14 inci. Letakkan bahagian tepung jagung di atas kulit.

b) Doh segar di atas dulang pizza. Griskan dulang atau loyang dengan semburan nonstick. Letakkan doh di tengah dan lesungkan doh dengan hujung jari sehingga menjadi bulatan yang besar dan leper—kemudian tarik dan tekan sehingga membentuk bulatan 14 inci di atas dulang atau segi empat tepat yang tidak sekata, kira-kira 12 × 7 inci, pada lembaran pembakar.

c) Kerak yang dibakar. Letakkannya di atas kulit pizza jika menggunakan batu pizza—atau letakkan kerak yang dibakar tepat di atas dulang pizza. Gunakan spatula getah untuk menyebarkan kacang yang telah digoreng di atas kerak, salutkannya secara sama rata tetapi meninggalkan sempadan 1/2 inci di tepi.

Hiaskan kacang dengan Monterey Jack yang dicincang.

d) Kacau tomato cincang, jintan putih, oregano, garam dan lada dalam mangkuk besar, kemudian ratakan ke atas keju. Letakkan salsa dalam sudu kecil di atas kerak. Selitkan piza dari kulit ke batu yang dipanaskan atau letakkan pai di atas dulang atau lembaran pembakar di dalam ketuhar atau pada parut gril di atas api tidak langsung. Bakar atau panggang dengan penutup tertutup sehingga keju menggelegak dan kacang panas,

e) Selipkan kulit di bawah kerak dan ketepikan atau pindahkan pai di atas dulang atau lembaran pembakar ke rak dawai. Sejukkan selama 5 minit. Untuk kulit yang garing, keluarkan piza dari kulit, dulang atau lembaran pembakar selepas satu atau dua minit untuk membiarkannya sejuk terus di atas rak dawai.

f) Hiaskan pai dengan sapuan krim masam dan seberapa banyak hirisan jalapeño yang anda suka sebelum dihiris dan dihidangkan.

13. Piza kacang dan lobak merah

Bahan

- Tepung serba guna untuk kulit pizza atau semburan nonstick untuk dulang pizza
- 1 doh buatan sendiri
- 2 sudu besar mentega tanpa garam
- 1 1/2 sudu besar tepung serba guna
- 1/2 cawan susu keseluruhan, rendah lemak atau tanpa lemak
- 1/2 cawan krim berat, sebat atau ringan 3 auns
- 2 sudu teh daun thyme bertangkai atau 1 sudu teh thyme kering
- 1/2 sudu teh buah pala parut
- cawan kacang kacang segar atau kacang beku, dicairkan
- cawan lobak merah dipotong dadu (jika menggunakan beku, kemudian dicairkan)
- 3 ulas bawang putih, dikisar
- 1 auns Parmigiana, parut halus

Arah

a) Doh segar di atas batu pizza. Taburkan kulit pizza dengan tepung, tetapkan doh di tengahnya, dan lesungkan doh menjadi bulatan besar yang diratakan dengan hujung jari anda. Angkat dan bentukkan dengan memegang tepinya, putar perlahan-lahan dan perlahan-lahan meregangkan doh sehingga bulatan berdiameter kira-kira 14 inci. Letakkan bahagian doh yang ditaburkan tepung ke bawah pada kulit.

b) Doh segar di atas dulang pizza. Gris sama ada dengan semburan nonstick tetapkan doh di tengah sama ada. Lesungkan doh dengan hujung jari sehingga menjadi bulatan yang dileperkan—kemudian tarik dan tekan sehingga membentuk bulatan 14 inci di atas dulang atau segi empat tepat tidak sekata 12 × 7 inci pada loyang. Kerak yang dibakar. Letakkannya di atas kulit piza yang ditabur tepung jika menggunakan batu piza—atau letakkan kerak yang dibakar tepat di atas dulang piza. Cairkan mentega dalam set kuali besar dengan api sederhana. Pukul dalam tepung dan teruskan pukul sehingga licin dan kuning air yang sangat terang. Pukul susu dalam aliran perlahan dan mantap kemudian pukul krim. Teruskan pukul di atas api sehingga pekat, kira-kira seperti aiskrim cair yang agak nipis.

Masukkan keju parut, thyme, dan pala hingga rata. Sejukkan pada suhu bilik selama 10 minit.

c) Sementara itu, selitkan kerak yang tidak dicelup dari kulit ke batu yang dipanaskan atau letakkan kerak di atas dulangnya sama ada di dalam ketuhar atau di atas bahagian jeriji gril yang tidak dipanaskan. Bakar atau panggang dengan penutup tertutup sehingga kerak mula terasa padat di tepinya dan baru mula perang, kira-kira 10 minit. Jika anda menggunakan doh segar, anda perlu mengeluarkan sebarang buih udara yang mungkin timbul di atas permukaan atau di tepinya semasa ia dibakar. Luncurkan kulit ke belakang di bawah kerak separa bakar dan keluarkan dari ketuhar atau gril—atau pindahkan kerak pada dulang atau lembaran pembakar ke rak dawai.

d) Sapukan sos berasaskan susu pekat ke atas kerak, tinggalkan sempadan 1/2 inci di tepi. Terataskan sos dengan kacang polong dan lobak merah, kemudian taburkan bawang putih secara merata ke atas pai. Akhir sekali, taburkan Parmigiana parut di atas topping.

14.   Pizza Cheesesteak Philly

Bahan

- Tepung serba guna untuk kulit pizza atau semburan nonstick untuk dulang pizza
- 1 doh buatan sendiri,
- 1 sudu besar mentega tanpa garam
- 1 biji bawang kuning kecil, dibelah dua melalui batangnya dan dihiris nipis
- 1 lada benggala hijau kecil, dibiji dan dihiris sangat nipis
- 2 sudu besar sos Worcestershire
- Beberapa sengkang sos lada merah panas
- 6 sudu besar Sos Pizza Klasik
- 8 auns (1/2 paun) mozzarella, dicincang
- 6 auns daging panggang deli, kertas yang dicukur nipis dan dipotong menjadi jalur
- 3 auns provolon, dicincang

Arah

a) Doh segar di atas batu pizza. Taburkan sedikit kulit pizza dengan tepung. Masukkan doh dan bentukkan bulatan besar dengan lesungkan dengan hujung jari. Angkat tepinya dan bentukkannya dengan perlahan-lahan memusingkannya dan meregangkannya perlahan-lahan sehingga diameternya kira-kira 14 inci. Letakkan bahagian bawah tepung di atas kulit.

b) Doh segar di atas dulang pizza. Griskan dulang atau loyang dengan semburan nonstick. Letakkan doh di tengah dan lesungkan dengan hujung jari anda sehingga ia menjadi bulatan yang terhimpit—kemudian tarik dan tekan doh sehingga membentuk bulatan kira-kira 14 inci diameter di atas dulang atau segi empat tepat yang tidak sekata, kira-kira 12 × 7 inci, pada lembaran pembakar.

c) Kerak yang dibakar. Letakkannya di atas kulit pizza yang ditabur tepung jika menggunakan batu pizza—atau letakkan kerak yang dibakar di atas dulang pizza. Cairkan mentega dalam set kuali besar dengan api sederhana. Masukkan bawang dan lada benggala masak, kacau selalu, sehingga lembut, kira-kira 5 minit. Masukkan sos Worcestershire dan sos lada merah panas (secukup rasa). Teruskan memasak sehingga cecair dalam kuali menjadi sayu, kira-kira 2 minit lagi. Sejukkan pada suhu bilik selama 5 minit. Gunakan spatula getah untuk meratakan sos pizza di atas kerak yang disediakan, meninggalkan sempadan 1/2 inci di tepi. Teratas dengan mozzarella yang dicincang.

d) Letakkan jalur daging lembu panggang secara merata di atas pai, kemudian sudu dan sapukan campuran sayuran ke atas daging lembu. Teratas dengan provolone yang dicincang.

e) Selitkan piza dari kulit ke batu panas atau letakkan piza di atas dulang atau lembaran pembakarnya sama ada di dalam ketuhar atau di bahagian parut gril yang tidak betul di atas sumber haba.

f) Bakar atau panggang dengan penutup tertutup sehingga kerak berwarna keemasan, perang sekata di bahagian bawahnya, dan keju telah cair dan malah mula bertukar menjadi perang yang sangat terang, kira-kira 18 minit.

g) Sekali atau dua kali, periksa doh segar, sama ada buatan sendiri atau yang dibeli di kedai, untuk menusuk sebarang buih udara yang mungkin timbul pada permukaannya, terutamanya di bahagian tepi.

15.   Pizza Polinesia

Bahan

- Tepung serba guna untuk membersihkan kulit piza atau semburan nonstick untuk melincirkan dulang piza
- 1 doh buatan sendiri
- 3 sudu besar kicap pekat manis
- 6 auns mozzarella, dicincang
- Bacon Kanada 3 auns, dipotong dadu
- 1 cawan ketulan nanas segar
- 1/2 cawan daun bawang yang dihiris nipis
- sudu besar bijan

Arah

a) Doh segar di atas batu pizza. Taburkan kulit pizza dengan tepung, tetapkan doh di tengahnya, dan bentukkan doh menjadi bulatan besar yang dileperkan dengan melesungkannya dengan hujung jari anda. Angkatnya di tepi dan regangkan dengan memutarkannya sehingga diameternya kira-kira 14 inci. Letakkan doh berbentuk tepung bahagian bawah pada kulit.

b) Doh segar di atas dulang pizza. Griskan dulang atau loyang dengan semburan nonstick. Letakkan doh di tengah sama ada dan lesungkan doh dengan hujung jari anda—kemudian tarik dan tekan sehingga membentuk bulatan 14 inci di atas dulang atau segi empat tepat 12 × 7 inci yang tidak sekata pada loyang.

c) Kerak yang dibakar. Letakkannya di atas kulit pizza yang ditabur tepung jika menggunakan batu pizza—atau letakkan kerak yang dibakar di atas dulang pizza.

d) Sapukan kicap secara rata ke atas doh, tinggalkan sempadan 1/2 inci di tepi. Taburkan mozzarella yang dicincang rata di atas sos.

e) Hiaskan piza dengan bacon Kanada, ketulan nanas dan daun bawang yang dihiris—kemudian taburkan bijan secara rata di atas pai.

f) Selitkan kerak dari kulit ke batu yang sangat panas atau letakkan pai di atas dulang atau loyang di dalam ketuhar atau di atas panggangan di atas bahagian yang tidak dipanaskan. Bakar atau panggang dengan penutup tertutup sehingga keju cair dan kerak berwarna perang keemasan, 16 hingga 18 minit.

g) Selitkan kembali kulit di bawah kerak untuk mengeluarkannya dari batu panas atau pindahkan pai di atas dulang atau lembaran pembakarnya ke rak dawai. Sejukkan piza pada kulit atau rak pembakar selama 5 minit sebelum dihiris. Untuk memastikan kerak kekal rangup, pindahkan piza dari kulit, dulang atau loyang terus ke rak dawai selepas seminit atau lebih.

16.   Pizza Pai Periuk

Bahan

- Tepung jagung kuning untuk kulit pizza atau semburan nonstick untuk dulang pizza
- 1 doh buatan sendiri
- 1 sudu besar mentega tanpa garam
- 1 1/2 sudu besar tepung serba guna
- 1 cawan susu keseluruhan, rendah lemak, atau tanpa lemak, pada suhu bilik
- 1 sudu besar mustard Dijon
- 1 1/2 sudu teh daun thyme bertangkai atau 1 sudu teh thyme kering
- 1 sudu teh daun sage cincang atau 1/2 sudu teh sage kering
- 1 cawan daging ayam atau ayam belanda yang dicincang, dikuliti, dibuang tulang, dimasak
- 2 cawan sayur campuran beku, dicairkan
- 2 sudu teh sos Worcestershire
- 1/2 sudu teh garam
- 1/2 sudu teh lada hitam yang baru dikisar

- Beberapa sengkang sos lada merah panas
- 6 auns Gouda, Emmental, Swiss, atau Cheddar, dicincang

Arah

a) Doh segar di atas batu pizza. Mulakan dengan menyapu kulit pizza dengan tepung jagung, kemudian tetapkan doh di tengahnya. Lesungkan doh dengan hujung jari anda ke dalam bulatan yang besar dan leper—kemudian angkat, pegang di tepinya dan putar di hadapan anda, sambil meregangkannya perlahan-lahan sehingga diameternya kira-kira 14 inci. Letakkan doh berbentuk tepung jagung di bahagian bawah pada kulit.

b) Doh segar di atas dulang pizza. Gris satu atau yang lain dengan semburan nonstick. Letakkan doh di tengah sama ada dan lesungkan doh dengan hujung jari anda—kemudian tarik dan tekan sehingga membentuk bulatan kira-kira 14 inci diameter di atas dulang atau segi empat tepat tidak sekata 12 × 7 inci pada loyang.

c) Kerak yang dibakar. Letakkannya di atas kulit piza yang ditaburi tepung jagung jika menggunakan batu piza—atau letakkan kerak yang dibakar tepat di atas dulang piza.

d) Cairkan mentega dalam periuk besar dengan api sederhana. Pukul dalam tepung sehingga agak rata, kemudian teruskan pukul di atas api sehingga perang muda, kira-kira
e) detik.

f) Pukul susu dalam aliran perlahan dan tetap. Teruskan pukul di atas api sehingga pekat, kira-kira seperti aiskrim cair. Pukul dalam mustard dan herba.

g) Keluarkan kuali dari api dan kacau dalam daging dan sayur-sayuran kemudian kacau dalam sos Worcestershire, garam, lada, dan sos lada merah panas (secukup rasa).

h) Masukkan keju yang dicincang kacau sehingga semuanya seragam dan disalut dengan sos.

i) Ratakan ke atas kerak, meninggalkan sempadan 1/2 inci di tepi.

j) Keluarkan kerak dari kulit dan ke atas batu, atau letakkan pai di atas dulang atau loyang di dalam ketuhar atau di atas bahagian panggangan yang tidak dipanaskan. Bakar atau panggang dengan penutup tertutup sehingga inti menggelegak dan kerak telah bertukar menjadi perang keemasan dan agak padat apabila disentuh, kira-kira 18 minit. Periksa pai doh segar sekali-sekala untuk memastikan tiada gelembung udara dalam kerak muncul dalam bentuk apa pun.

k) Selitkan kembali kulit di bawah kerak untuk mengeluarkan pai dari batu atau pindahkan pai pada dulang atau lembaran pembakarnya ke rak dawai. Ketepikan sejuk selama 5 minit sebelum dihiris. Jika dikehendaki, pindahkan pai terus ke rak dawai selepas seminit atau lebih untuk membiarkan kerak sejuk sedikit tanpa bersandar pada permukaan panas yang lain.

17. Piza Kentang, Bawang dan Chutney

Bahan

- Tepung serba guna untuk membersihkan kulit piza atau semburan nonstick untuk melincirkan dulang piza

- 1 doh buatan sendiri

- 12 auns (3/4 paun) kentang rebus putih, seperti tukang kasut Ireland, dikupas

- 6 sudu makan chutney mangga, blueberry chutney atau berasaskan buah-buahan lain

- chutney

- 6 auns Monterey Jack, parut

- 3 sudu besar pelepah dill cincang atau 1 sudu besar dill kering

- 1 bawang besar manis, seperti Vidalia

Arah

a) Doh segar di atas batu pizza. Taburkan sedikit kulit pizza dengan tepung. Masukkan doh dan bentukkan bulatan besar dengan lesungkan dengan hujung jari. Angkatnya, pegang tepinya, dan putar perlahan-lahan, regangan sepanjang masa, sehingga diameternya kira-kira 14 inci. Letakkan bahagian doh yang ditaburkan tepung ke bawah pada kulit.

b) Doh segar di atas dulang pizza. Griskan dulang atau loyang dengan semburan nonstick. Letakkan doh di tengah sama ada lesung pipit doh dengan hujung jari sehingga menjadi bulatan tebal dan leper—kemudian tarik dan tekan doh sehingga membentuk bulatan 14 inci di atas dulang atau segi empat tepat 12 × 7 inci yang tidak sekata pada lembaran pembakar.

c) Kerak yang dibakar. Letakkannya di atas kulit pizza jika menggunakan batu pizza—atau letakkan kerak yang dibakar di atas dulang pizza. Semasa ketuhar atau gril panas, masak air kira-kira 1 inci hingga mendidih dalam periuk besar yang dilengkapi dengan pengukus sayur. Masukkan kentang, tutup, kecilkan api kepada sederhana, dan kukus sehingga lembut apabila dicucuk dengan garpu, kira-kira 10 minit. Pindahkan ke set colander di dalam singki dan sejukkan selama 5 minit, kemudian potong menjadi bulatan yang sangat nipis.

d) Sapukan chutney secara merata ke atas kerak yang disediakan, meninggalkan kira-kira 1/2 inci sempadan di tepi. Teratas rata dengan parut Monterey Jack. Susun hirisan kentang dengan rata dan hiasan di atas pai, kemudian taburkan dengan dill. Potong bawang separuh melalui batangnya. Letakkan bahagian yang dipotong ke bawah pada papan pemotong anda dan gunakan pisau yang sangat tajam untuk membuat kepingan nipis kertas. Pisahkan kepingan ini ke dalam jalur masing-masing dan letakkan di atas pai.

e) Luncurkan pai dari kulit ke batu yang sangat panas, berhati-hati untuk mengekalkan ping atas di tempatnya atau letakkan pai di atas dulang atau loyangnya sama ada di dalam ketuhar atau pada bahagian jeriji gril yang tidak langsung di atas api sumber. Bakar atau panggang dengan penutup tertutup sehingga kerak berwarna perang sedikit di tepinya, malah lebih perang gelap di bahagian bawahnya, 16 hingga 18 minit. Jika timbul gelembung udara di tepi atau di tengah-tengah doh segar, pukulkannya dengan garpu untuk menghasilkan kerak yang sekata.

f) Selitkan kembali kulit di bawah pai panas di atas batu atau pindahkan pai pada dulang atau lembaran pembakarnya ke rak dawai. Ketepikan sejuk selama 5 minit sebelum dihiris dan dihidangkan.

18. Pizza Prosciutto dan Arugula

Bahan

- Tepung serba guna untuk kulit piza atau minyak zaitun untuk dulang piza
- 1 doh buatan sendiri
- 1/4 cawan Sos Pizza Klasik
- 3 auns mozzarella segar, dihiris nipis
- 1/2 cawan daun arugula yang dibungkus, batang tebal dikeluarkan 2 auns prosciutto,
- sudu cuka balsamic

Arah

a) Doh segar di atas batu pizza. Taburkan kulit pizza dengan tepung, tetapkan doh di tengahnya, dan lesungkan doh ke dalam bulatan besar yang diratakan dengan hujung jari anda. Angkat dan bentukkannya dengan tangan anda, pegang tepi, putar perlahan-lahan dan regangkannya sehingga diameternya kira-kira 14 inci. Letakkan doh berbentuk tepung bahagian bawah pada kulit.

b) Doh segar di atas dulang pizza. Gris sama ada sedikit dengan sedikit minyak zaitun yang disapu pada tuala kertas. Letakkan doh di atas dulang atau lembaran penaik lesung pipit doh dengan hujung jari anda—kemudian tarik dan tekan sehingga membentuk bulatan 14 inci di atas dulang atau segi empat tepat 12 × 7 inci yang agak tidak sekata pada loyang.

c) Letakkannya di atas kulit pizza yang ditabur tepung jika menggunakan batu pizza—atau letakkan kerak yang dibakar di atas dulang pizza. Sapukan sos pizza secara merata ke atas kerak, meninggalkan sempadan 1/2 inci di tepi. Susun hirisan mozzarella sama rata di atas pai, pastikan sempadan itu bersih.

d) Letakkan daun arugula di atas pai, kemudian tutup dengan jalur prosciutto. Selitkan piza dari kulit ke batu panas atau letakkan pai di atas dulang atau lembaran pembakarnya bersama piza sama ada di dalam ketuhar atau pada bahagian jeriji gril yang tidak berada di atas sumber haba.

e) Bakar atau panggang dengan penutup tertutup sehingga kerak berwarna keemasan serta agak padat dan keju telah cair, 14 hingga 16 minit. Jika menggunakan doh segar, periksa selama 10 minit pertama supaya anda boleh mengeluarkan sebarang buih yang mungkin timbul, terutamanya di bahagian tepi. Selitkan kembali kulit di bawah pai panas untuk mengeluarkannya dari batu atau pindahkan pai pada dulang atau lembaran pembakarnya ke rak dawai. Siram pai dengan cuka balsamic, dan kemudian ketepikan untuk menyejukkan selama 5 minit sebelum dihiris.

19.   Piza Reuben

Bahan

- Sama ada tepung serba guna untuk kulit atau semburan nonstick untuk dulang pizza atau loyang
- 1 doh buatan sendiri
- 3 sudu besar mustard deli
- 1 cawan sauerkraut toskan
- 6 auns Swiss, Emmental, Jarlsberg atau Jarlsberg Light, dicincang
- 4 auns daging kornet deli yang dimasak, dipotong menjadi kepingan tebal dan dicincang

Arah

a) Doh segar di atas batu pizza. Taburkan kulit pizza dengan tepung, tetapkan doh di tengahnya. Bentukkan doh menjadi bulatan besar dengan lesungkan dengan hujung jari.

b) Angkat dan bentukkan dengan tangan anda, pegang tepinya, putar doh perlahan-lahan dan regangkan tepinya perlahan-lahan sehingga diameternya kira-kira 14 inci. Letakkan bahagian bawah tepung di atas kulit.

c) Doh segar di atas dulang pizza. Gris salah satu dengan semburan tidak melekat. Letakkan doh di tengah sama ada dan lesungkan doh dengan hujung jari anda sehingga ia menjadi bulatan tebal dan leper—kemudian tarik dan tekan doh sehingga membentuk bulatan 14 inci di atas dulang pizza atau segi empat tepat 12 × 7 inci yang tidak sekata pada loyang.

d) Kerak yang dibakar. Letakkannya di atas kulit pizza jika menggunakan batu pizza—atau letakkan kerak yang dibakar tepat di atas dulang pizza.

e) Sapukan mustard secara merata ke atas kerak yang disediakan, meninggalkan sempadan 1/2 inci di tepi. Sapukan sauerkraut secara merata ke atas mustard.

f) Teratas pai dengan keju parut, kemudian daging kornet cincang. Luncurkan piza dengan berhati-hati dari kulit ke batu yang dipanaskan atau letakkan pai di atas dulang atau lembaran pembakarnya di dalam ketuhar atau di atas bahagian parut gril tidak terus di atas api atau arang.

g) Bakar atau panggang dengan penutup tertutup sehingga kerak telah padat dan bertukar keemasan dan sehingga keju cair dan perang sedikit, 16 hingga 18 minit. Jika ada buih udara timbul pada doh segar, terutamanya di tepinya, letuskannya untuk kerak yang rata. Selitkan kembali kulit di bawah piza, berhati-hati agar tidak terkeluar topping, keluarkan pai dari batu panas atau pindahkan pai pada dulang atau loyangnya ke rak dawai. Ketepikan sejuk selama 5 minit sebelum dihiris dan dihidangkan.

20. Pizza Akar Panggang

Bahan

- Tepung serba guna untuk membersihkan kulit piza atau minyak zaitun untuk melincirkan dulang piza
- 1 doh buatan sendiri
- 1/2 kepala bawang putih besar
- 1/2 ubi keledek kecil, dikupas, dibelah dua memanjang, dan dihiris nipis
- 1/2 mentol adas kecil, dibelah dua, dipotong dan dihiris nipis
- 1/2 ubi kecil, dikupas, dibelah dua memanjang dan dihiris nipis
- 1 sudu besar minyak zaitun
- 1/2 sudu teh garam
- 4 auns (1/4 paun) mozzarella, dicincang
- 1 auns Parmigiana, parut halus
- 1 sudu besar cuka balsamic sirap

Arah

a) Doh segar di atas batu pizza. Taburkan sedikit kulit pizza dengan tepung. Masukkan doh dan bentukkan bulatan besar dengan lesungkan dengan hujung jari. Angkat, pegang tepinya dengan kedua-dua tangan, dan putar perlahan-lahan, regangkan tepi sedikit setiap kali, sehingga bulatan berdiameter kira-kira 14 inci. Letakkan bahagian bawah tepung pada kulit.

b) Doh segar di atas dulang pizza. Griskan dulang atau loyang dengan sedikit minyak zaitun yang disapu pada tuala kertas. Letakkan doh di tengah sama ada lesung pipit doh dengan hujung jari anda—kemudian tarik dan tekan sehingga membentuk bulatan 14 inci pada dulang atau segi empat tepat yang tidak sekata, kira-kira 12 × 7 inci, pada lembaran pembakar.

c) Kerak yang dibakar. Letakkannya di atas kulit piza yang ditabur tepung jika menggunakan batu piza—atau letakkan kerak yang dibakar tepat di atas dulang piza.

d) Balut ulas bawang putih yang belum dikupas dalam paket aluminium foil kecil dan bakar atau panggang terus di atas api selama 40 minit.

e) Sementara itu, toskan ubi keledek, adas, dan daun kemangi dalam mangkuk besar dengan minyak zaitun dan garam. Tuangkan kandungan mangkuk ke atas loyang besar. Letakkan di dalam ketuhar atau di atas bahagian panggangan yang tidak dipanaskan dan panggang, putar sekali-sekala, sehingga lembut dan manis, 15 hingga 20 minit.

f) Pindahkan bawang putih ke papan pemotong buka paket, berhati-hati dengan wap. Tetapkan juga loyang dengan sayur-sayuran di atas rak dawai.

g) Naikkan suhu ketuhar atau gril gas kepada 450°F, atau tambahkan beberapa arang lagi pada gril arang untuk menaikkan api sedikit.

h) Sapukan mozzarella yang dicincang di atas kerak yang disediakan, meninggalkan sempadan 1/2 inci di tepi. Hiaskan keju dengan semua sayur-sayuran, picit bawang putih yang lembut dan lembut daripada badan kertasnya dan ke atas pai. Teratas dengan Parmigiana parut.

i) Luncurkan piza dari kulit ke batu panas atau letakkan piza di atas dulang atau lembaran pembakarnya sama ada di dalam ketuhar atau di atas bahagian panggangan yang tidak dipanaskan. Bakar atau panggang dengan penutup tertutup sehingga kerak menjadi perang keemasan dan sedikit gelap di bahagian bawahnya, sehingga keju cair dan mula perang, 16 hingga minit. Doh segar boleh membentuk beberapa buih udara dalam 10 minit pertama; terutamanya di tepinya pop ini dengan garpu untuk memastikan kerak yang sekata.

j) Luncurkan kulit ke belakang di bawah kerak untuk mengeluarkannya dari batu panas atau pindahkan piza di atas dulang atau lembaran pembakarnya ke rak dawai. Ketepikan selama 5 minit. Untuk memastikan keraknya rangup, anda mungkin ingin memindahkan pai dari kulit, dulang atau kepingan tepung terus ke rak dawai untuk menyejukkan selepas seminit atau lebih. Setelah sejuk sedikit, gerimis pai dengan cuka balsamic, kemudian potong ke dalam baji untuk dihidangkan.

21. Sosej dan Pizza Epal

Bahan

- Tepung jagung kuning untuk membersihkan kulit piza atau semburan nonstick untuk melincirkan dulang piza
- 1 doh buatan sendiri,
- 1 sudu besar minyak zaitun
- auns (1/2 paun) sosej ayam atau ayam belanda
- 1 sudu besar mustard dikisar kasar
- 6 auns Fontina, dicincang
- 1 epal hijau kecil, lebih baik sebiji epal tart
- 2 sudu besar daun rosemary dicincang
- 11/2 auns Parmigiana, Pecorino atau Grana Padano, parut halus

Arah

a) Doh segar di atas batu pizza. Taburkan sedikit kulit pizza dengan tepung jagung. Masukkan doh dan bentukkan bulatan besar dengan lesungkan dengan hujung jari. Angkat dan bentukkannya dengan memegang tepinya di kedua-dua tangan, putarkannya perlahan-lahan, dan regangkannya perlahan-lahan sepanjang masa, sehingga bulatan itu berdiameter kira-kira 14 inci. Letakkan bahagian tepung jagung doh ke bawah pada kulit.

b) Doh segar di atas dulang pizza. Gris satu atau yang lain dengan semburan nonstick. Letakkan doh di tengah sama ada lesung pipit doh dengan hujung jari anda sehingga ia menjadi bulatan tebal dan rata. Kemudian tarik dan tekan sehingga membentuk bulatan 14 inci pada dulang atau segi empat tepat tidak sekata 12 × 7 inci pada loyang.

c) Kerak yang dibakar. Letakkannya di atas kulit piza yang ditaburi tepung jagung jika menggunakan batu piza—atau letakkan kerak yang dibakar di atas dulang piza. Panaskan kuali besar di atas api sederhana. Putar dalam minyak zaitun, kemudian masukkan sosej. Masak, putar sekali-sekala, sehingga keperangan di semua sisi dan masak. Pindahkan ke papan pemotong dan potong bulat nipis. Sapukan mustard secara merata ke atas kerak yang disediakan, meninggalkan sempadan 1/2 inci di tepi. Teratas dengan Fontina yang dicincang, kemudian letakkan sosej yang dihiris rata di atas pai. Masukkan hirisan epal di antara bulatan sosej, kemudian taburkan dengan salah satu herba cincang dan keju parut.

d) Selitkan piza dari kulit ke batu yang sangat panas jika anda menggunakan dulang piza atau loyang, letakkan bersama pai di dalam ketuhar atau di atas bahagian panggangan yang tidak dipanaskan. Bakar atau panggang dengan penutup tertutup sehingga keju cair dan menggelegak dan kerak telah mula bertukar menjadi coklat keemasan di tepinya, malah coklat lebih gelap di bahagian bawahnya, 16 hingga 18 minit. Jika menggunakan doh segar, letuskan sebarang buih udara yang timbul di tepinya semasa 10 minit pertama membakar atau memanggang.

e) Luncurkan kulit ke belakang di bawah pai untuk mengeluarkannya dari batu atau pindahkan pai pada dulang atau lembaran pembakarnya ke rak dawai.

22.   Pizza Shiitake

Bahan

- Tepung serba guna untuk kulit pizza atau semburan nonstick untuk dulang pizza
- 1 doh buatan sendiri,
- 8 auns (1/2 paun) tauhu sutera lembut
- 6 auns penutup cendawan shiitake, batang dibuang dan dibuang, penutup dihiris nipis
- 3 daun bawang sederhana, dihiris nipis
- 2 sudu teh pes cili merah Asia
- 2 sudu teh halia segar dikupas cincang
- 1 sudu teh kicap biasa atau kurang natrium
- 1 sudu teh minyak bijan panggang

Arah

a) Doh segar di atas batu pizza. Taburkan sedikit kulit pizza dengan tepung. Letakkan doh di tengahnya dan bentukkan doh menjadi bulatan tebal dan rata dengan lesungkannya dengan hujung jari anda. Angkat, pegang di tepinya dengan kedua-dua tangan, dan putarkannya, perlahan-lahan meregangkannya di tepi, sehingga bulatan berdiameter kira-kira 14 inci. Letakkan bahagian bawah tepung di atas kulit.

b) Doh segar di atas dulang pizza. Griskan dulang atau loyang dengan semburan nonstick. Letakkan doh pada kedua-dua lesung pipit doh dengan hujung jari anda—kemudian tarik dan tekan sehingga membentuk bulatan 14 inci di atas dulang atau segi empat tepat 12 × 7 inci yang tidak sekata pada loyang.

c) Kerak yang dibakar. Letakkannya di atas kulit pizza jika menggunakan batu pizza—atau letakkan kerak yang dibakar tepat di atas dulang pizza.

d) Proseskan tauhu dalam pemproses makanan yang dipasang dengan pisau pemotong sehingga licin dan berkrim. Sapukan ke atas kerak yang disediakan, pastikan anda meninggalkan sempadan 1/2 inci di tepinya.

e) Hiaskan tauhu dengan penutup cendawan yang dihiris dan daun bawang. Taburkan pes cili, halia, kicap, dan minyak bijan secara rata di atas topping. Luncurkan pai dari kulit ke batu panas atau letakkan pai di atas dulang atau loyangnya sama ada di dalam ketuhar atau di atas bahagian jeriji gril yang tidak dipanaskan.

f) Bakar atau panggang dengan penutup tertutup sehingga kerak berwarna perang keemasan dan agak padat apabila disentuh, 16 hingga 18 minit. Periksa doh segar beberapa kali untuk memastikan tiada buih udara, terutamanya di tepinya jika ya, letakkan doh dengan garpu untuk memastikan kerak yang rata. Setelah selesai, selitkan kembali kulit di bawah pai untuk mengeluarkannya dari batu panas atau pindahkan pai pada dulang atau loyangnya ke rak dawai. Ketepikan sejuk selama 5 minit sebelum dihiris dan dihidangkan.

23. Piza Bayam dan Ricotta

Bahan

- Sama ada tepung serba guna untuk membersihkan kulit piza
- 1 doh buatan sendiri
- 2 sudu besar minyak kanola
- 3 ulas bawang putih, dikisar
- 6 auns daun bayam bayi
- 1/4 sudu teh buah pala parut atau dikisar
- 1/4 sudu teh serpihan lada merah
- 1/2 cawan wain putih kering atau vermouth kering
- 1/4 cawan ricotta biasa, rendah lemak atau bebas lemak
- 11/2 auns Parmigiana, parut halus
- 1/2 sudu teh garam
- 1/2 sudu teh lada hitam yang baru dikisar

Arah

a) Doh segar di atas batu pizza. Taburkan sedikit kulit pizza dengan tepung. Masukkan doh dan bentukkan bulatan besar dengan lesungkan dengan hujung jari. Angkat dan bentukkan dengan tangan anda, pegang tepinya, putar doh perlahan-lahan dan regangkan tepinya sehingga diameternya kira-kira 14 inci. Letakkan bahagian doh yang ditaburkan tepung ke bawah pada kulit.

b) Doh segar di atas dulang pizza. Griskan dulang atau loyang dengan semburan nonstick. Letakkan doh pada kedua-dua lesung pipit dengan hujung jari anda sehingga ia menjadi bulatan tebal dan rata—kemudian tarik dan tekan sehingga membentuk bulatan 14 inci di atas dulang atau segi empat tepat 12 × 7 inci yang tidak sekata pada loyang.

c) Kerak yang dibakar. Letakkannya di atas kulit pizza jika menggunakan batu pizza—atau letakkan kerak yang dibakar tepat di atas dulang pizza. Panaskan kuali besar di atas api sederhana. Putar dalam minyak, kemudian masukkan bawang putih dan masak selama 30 saat. Kacau dalam bayam, pala, dan kepingan lada merah sehingga daun mula layu kemudian tuangkan wain. Masak, kacau sentiasa, sehingga bayam betul-betul layu dan kuali hampir kering.

Keluarkan kuali dari api dan kacau dalam ricotta, Parmigiana parut, garam, dan lada sehingga agak licin.

d) Sapukan campuran bayam ke atas kerak yang disediakan, meninggalkan sempadan 1/2 inci di tepi. Luncurkan piza dari kulit ke batu panas atau letakkan piza di atas dulang atau lembaran pembakarnya sama ada di dalam ketuhar atau di atas bahagian parut gril yang tidak dipanaskan.

e) Bakar atau panggang dengan penutup tertutup sehingga inti ditetapkan dan berwarna perang sedikit, sehingga kerak agak padat, 16 hingga 18 minit. Luncurkan kulit ke belakang di bawah piza untuk mengeluarkannya dari batu panas atau pindahkan pai pada dulang atau loyangnya ke rak dawai. Ketepikan sejuk selama 5 minit sebelum dihiris dan dihidangkan. Untuk memastikan kerak yang rangup, pindahkan pai dari kulit, dulang atau loyang terus ke rak dawai selepas beberapa minit.

24. Piza salad arugula

Bahan

- Satu 16 oz. pakej doh pizza bijirin penuh yang disejukkan, atau doh pizza bijirin penuh
- Tepung jagung
- 1/3 cawan sos marinara
- 1½ sudu teh oregano kering
- 1 cawan keju berasaskan tumbuhan yang dicincang
- 2 cawan campuran arugula segar dan bayam bayi
- 1½ cawan tomato ceri segar (kuning), dibelah dua
- ½ lada benggala merah sederhana, dipotong dadu
- 1 alpukat sederhana masak, dihiris ¼ cawan pistachio panggang
- 1 sudu besar cuka balsamic

Arah

a) Panaskan ketuhar hingga 350°F. Canai doh piza supaya muat dengan kuali piza 14 inci atau batu piza. Taburkan kuali atau batu dengan tepung jagung dan muatkan doh di atasnya. Sapukan sos marinara ke atas doh dan taburkan oregano dan keju berasaskan tumbuhan di atasnya. Letakkan kuali atau batu di dalam ketuhar dan bakar selama 30 hingga 35 minit, sehingga kerak berwarna keemasan dan padat apabila disentuh.

b) Pada minit terakhir sebelum dihidangkan, keluarkan kerak dari ketuhar dan atas dengan arugula dan bayam bayi, tomato, lada benggala, alpukat dan pistachio. Sayur-sayuran akan cepat layu. Siram dengan cuka dan minyak zaitun. Hidangkan segera.

25. Pizza Avocado 'N Everything

Bahan

- 2 cawan campuran penaik buttermilk
- 1/2 cawan air panas
- 1 tin (8 auns) sos tomato
- 1/4 cawan bawang hijau dicincang
- 1/2 cawan keju mozzarella yang dicincang
- 1/2 cawan cendawan dihiris
- 1/3 cawan buah zaitun masak yang dihiris
- 1 tomato kecil, dihiris
- 2 sudu besar minyak zaitun
- 1 avokado, dibiji, dikupas dan dihiris Daun selasih segar, pilihan

Arah

a) Panaskan ketuhar hingga 425F. Kacau bersama campuran buttermilk dan air dengan garpu dalam mangkuk kecil. Tepuk atau gulung ke dalam bulatan 12 inci pada loyang atau kuali piza yang tidak digris.

b) Campurkan sos tomato dan bawang hijau yang ditaburkan di atas doh pizza. Teratas dengan keju, cendawan, buah zaitun dan hirisan tomato. Tuangkan minyak zaitun ke atas.

c) Bakar 15 hingga 20 minit atau sehingga tepi kerak berwarna perang keemasan. Keluarkan pizza dari ketuhar dan susun hirisan alpukat di atas. Hiaskan dengan daun selasih dan hidangkan.

26.   Pizza Ayam BBQ

Bahan

- 3 bahagian dada ayam tanpa tulang, masak dan potong dadu
- 1 cawan sos barbeku berperisa hickory
- 1 sudu besar madu
- 1 sudu teh molase
- 1/3 cawan gula perang
- 1/2 tandan ketumbar segar, dicincang
- 1 (12 inci) kerak piza pra-bakar
- 1 cawan keju Gouda salai, dicincang
- 1 cawan bawang merah yang dihiris nipis

Arah

a) Panaskan ketuhar kepada 425F. Dalam periuk di atas api sederhana tinggi, satukan ayam, sos barbeku, madu, molase, gula perang dan ketumbar. Biarkan mendidih.
b) Sapukan adunan ayam secara merata ke atas kerak pizza, dan atasnya dengan keju dan bawang.
c) Bakar selama 15 hingga 20 minit, atau sehingga keju cair.

27. Piza Strawberi BBQ

Bahan

- 1 doh pizza (dibuat dari kedai runcit adalah penjimat masa yang hebat)
- 250 gram (1 cawan) keju boursin (herba halus dan bawang putih)
- 2 sudu besar balsamic glaze
- 2 cawan strawberi yang dihiris
- 1/3 cawan basil cincang
- lada secukup rasa
- 1 sudu besar minyak zaitun untuk meresap
- parmesan dicukur untuk hiasan

Arah

a) Masak kerak pizza di atas BBQ (api tinggi) atau di dalam ketuhar.
b) Keluarkan dari api dan sapukan dengan keju krim herba.
c) Taburkan dengan selasih dan strawberi. Siram dengan minyak zaitun dan balsamic glaze dan hiaskan dengan lada (secukup rasa) dan parmesan yang dicukur

28. Brokoli Deep Dish Pizza

Bahan

- 1 bungkus yis kering
- 1 1/3 c air suam
- 1 t gula
- 3 1/2 c tepung tidak diluntur
- 1 c tepung kek
- 1 1/2 t garam
- 1 c ditambah 2 T minyak zaitun
- 3 t bawang putih kisar
- (1)15-oz tin sos tomato
- (1)12-oz tin pes tomato
- 2 t oregano
- 2 t selasih
- 2 c cendawan dihiris Garam dan lada sulah
- 1 lb. sosej Itali (panas atau manis)
- 1/2 t biji adas dihancurkan

- 2 T mentega

- 8 c brokoli dicelur, dicincang kasar

- 1 T memendekkan

- 3 1/2 c keju mozzarella parut

- 1/2 c keju Parmesan parut

Arah

a) Larutkan yis dalam air suam kacau dengan gula. Satukan tepung dan garam, dan masukkan yis terlarut dan 1/4 cawan minyak secara beransur-ansur. Uli sehingga teksturnya licin. Masukkan ke dalam mangkuk besar, tutup dengan bungkus plastik, dan biarkan mengembang sehingga tiga kali ganda secara pukal (2-3 jam).

b) Sementara itu, sediakan inti. Panaskan 1/4 cawan minyak dalam kuali tumis, tambah 2 t bawang putih, dan masak selama 30 saat (tanpa keperangan.) Masukkan sos tomato dan pes, reneh sehingga pekat. Masukkan basil dan oregano, ketepikan sehingga sejuk.

c) Kepala 2 T minyak dan tumis cendawan sehingga perang sedikit dan cecair sejat. Perasakan secukup rasa, dan ketepikan untuk sejuk.

d) Keluarkan dan buang selongsong dari sosej, hancurkan dan masukkan sosej ke dalam kuali bersama adas. Masak hingga sebati, angkat dan sejukkan. Panaskan mentega dan 2 T minyak pada 1 t bawang putih dan kacau selama 30 saat. Kacau dalam brokoli sehingga bersalut dengan baik dan sebarang cecair tersejat. Perasakan secukup rasa ketepikan.

e) Apabila doh telah mengembang, tumbuk ke bawah. Potong kira-kira 2/5 daripadanya dan ketepikan. Griskan loyang piza bersaiz 14 x 1 1/2" dengan pemendekan. Pada papan yang ditaburkan tepung, canai 3/5 daripada doh kepada bulatan 20". Muatkan pada kuali, biarkan lebihan doh tergantung di tepi. Sapu doh dengan 1 T minyak taburkan dengan garam. Taburkan 1 c mozzarella ke atas doh.

f) Sapukan sos tomato pada keju, sapukan cendawan ke atas tomato, dan tutup dengan 1 c mozzarella.

g) Canai doh yang tinggal kepada kira-kira 14" bulatan. Sapu bahagian tepi doh di dalam kuali dengan air. Masukkan bulat 14" ke dalam kuali.

h) Tekan tepi (tarik jika perlu) pada doh yang dilembapkan untuk menutupnya. Potong doh yang tergantung kepada 1/2" dan basahkan semula.

i) Lipat ke dalam dan kelim untuk membentuk rim terangkat di sekeliling tepi kuali. Potong lubang wap di lapisan atas doh, dan sapu dengan 1 T minyak. Sapukan sosej ke atas doh dan tutup dengan brokoli.

j) Satukan baki keju dan taburkan merentangi brokoli dengan 1/4 c minyak.

k) Bakar dalam ketuhar 425 darjah yang telah dipanaskan selama 30-40 minit. Membeku dengan baik.

29.   Pai Pizza Ayam Kerbau

Bahan

- Satu pakej 12-auns mufin Inggeris gandum penuh (6 mufin)
- 1 lada benggala oren sederhana, potong dadu $\frac{1}{4}$ inci (kira-kira 1 $\frac{1}{4}$ cawan)
- 1 sudu besar minyak kanola
- 12 auns bahagian dada ayam tanpa tulang tanpa kulit, potong dadu $\frac{1}{2}$ inci
- Setengah cawan sos pasta
- 1 sudu besar sos Kerbau
- 1 sudu besar dressing blue cheese
- 1 hingga 1 $\frac{1}{2}$ cawan keju mozzarella yang dicincang bahagian skim

Arah

a) Panaskan ketuhar hingga 400°F. Potong muffin Inggeris separuh dan letakkan di atas loyang. Bakar dalam ketuhar selama kira-kira 5 minit. Angkat dan ketepikan.

Panaskan minyak dalam kuali nonstick yang besar di atas api yang sederhana tinggi. Masukkan lada benggala dan masak, kacau kerap, sehingga lembut, kira-kira 5 minit.

b) Masukkan ayam dan masak sehingga tidak lagi merah jambu, 3 hingga 5 minit. Masukkan sos pasta, sos Buffalo, dan sos keju biru dan gaul rata.

c) Untuk memasang piza, atas setiap muffin separuh sama rata dengan adunan ayam. Taburkan keju secara merata di atas setiap satu. Bakar sehingga keju cair, kira-kira 5 minit.

30. Piza California

Bahan

- 1 cawan minyak zaitun
- 2 cawan daun selasih segar
- 2 ulas bawang putih, cincang
- 3 sudu besar kacang pain
- 1/2 cawan keju Parmesan yang baru diparut
- 1 biji bawang besar, dihiris nipis
- 1 lada merah manis, dibiji dan dihiris menjadi jalur
- 1 lada hijau, dibiji dan dihiris menjadi jalur
- 2 sudu besar minyak zaitun
- 1 sudu besar air
- 1/2 paun bawang putih dan sosej adas atau sosej Itali manis 3 auns keju kambing
- 10 auns keju Mozzarella, parut kasar

- 2 sudu besar keju Parmesan yang baru diparut
- 2 sudu besar tepung jagung

Arah:

a) Sediakan doh Larutkan yis dalam air dan ketepikan. Campurkan tepung, garam dan gula dalam mangkuk. Buat "telaga" di tengah, tuangkan larutan yis dan minyak zaitun. Kisar tepung menggunakan garfu.

b) Apabila doh menjadi keras, masukkan baki tepung dengan tangan. Kumpul menjadi bola dan uli lapan hingga sepuluh minit di atas papan yang ditaburkan tepung. Letakkan dalam mangkuk bersalut minyak, tutup dengan kain lembap, dan biarkan mengembang di tempat yang hangat dan bebas draf sehingga mengembang dua kali ganda, kira-kira dua jam.

c) Sediakan sos pesto menggunakan pengisar atau pemproses makanan. Satukan semua kecuali keju. Proses tetapi jangan buat puri. Kacau dalam keju. Tetapkan sebelah. Tumis bawang dan lada dalam satu sudu minyak zaitun dan air dalam kuali besar di atas api sederhana. Kacau selalu sehingga lada lembut. Toskan dan ketepikan. Sosej perang, pecah-pecah semasa masak. Buang lemak berlebihan. Cincang kasar dan ketepikan.

d) Panaskan ketuhar hingga 400 darjah. Sapukan baki minyak zaitun secara rata di atas kuali piza 12 inci. Taburkan dengan tepung jagung. Tumbuk doh pizza, leperkan sedikit dengan rolling pin, putar dan leperkan dengan jari. Letakkan doh dalam kuali dan ratakan ke tepi dengan hujung jari. Bakar lima minit. Sapukan sos pesto ke atas doh. Hancurkan keju kambing secara rata di atas pesto. Masukkan bawang dan lada, sosej, dan keju. Bakar 10 minit atau sehingga kerak berwarna perang sedikit dan keju berbuih.

31.   Pizza Bawang Karamel

Bahan

- 1/4 cawan minyak zaitun untuk menggoreng bawang
- 6 cawan bawang besar yang dihiris nipis (anggaran 3 paun)
- 6 ulas bawang putih
- 3 sudu besar thyme segar atau 1 sudu besar. thyme kering
- 1 daun salam
- garam dan lada
- 2 sudu besar. minyak untuk menggelecek di atas pizza (pilihan)
- 1 sudu besar. kaper bersaliran
- 1-1/2 sudu besar. kacang pain

Arah:

a) Panaskan 1/4 cawan minyak zaitun dan masukkan bawang besar, bawang putih, thyme dan daun bay. Masak, kacau sekali-sekala, sehingga kebanyakan kelembapan telah sejat dan campuran bawang sangat lembut, hampir licin, dan karamel, kira-kira 45 minit. Buang daun bay dan perasakan dengan garam dan lada sulah.

b) Tutup doh dengan campuran bawang, taburkan dengan caper dan kacang pain, dan gerimis dengan baki minyak zaitun jika anda menggunakannya.

c) Bakar dalam ketuhar 500 darjah yang telah dipanaskan terlebih dahulu selama 10 minit atau sehingga perang keemasan. Masa membakar akan berbeza-beza bergantung kepada sama ada anda membakar di atas batu, skrin atau dalam kuali.

d) Pastikan ketuhar anda telah dipanaskan dengan baik sebelum memasukkan piza.

32. Keju Calzone

Bahan

- 1lb. keju ricotta
- 1 cawan mozzarella yang dicincang
- secubit lada hitam
- Doh Pizza Gaya NY
- Panaskan ketuhar hingga 500F.

Arah:

a) Ambil 6 oz. bebola doh dan letak di atas permukaan yang telah ditapis. Sebarkan, dengan hujung jari, ke bulatan 6 inci. Letakkan 2/3 cawan keju
b) gaul pada sebelah dan lipat ke atas sebelah lagi. Tutup dengan hujung jari memastikan tiada campuran keju berada di dalam meterai. Cubit tepi untuk memastikan pengedap yang ketat. Tepuk calzone untuk mengisi dengan rata. Periksa pengedap sekali lagi untuk kebocoran. Ulang dengan yang lain.

c) Letakkan calzones pada loyang yang telah digris sedikit. Potong celah 1 inci di bahagian atas setiap satu untuk pembuangan semasa membakar. Letakkan di tengah ketuhar dan bakar selama 10–12 minit atau sehingga perang keemasan. Hidangkan bersama sos tomato kegemaran anda, dipanaskan, sama ada di atas atau di tepi untuk dicelup.

33.   Cherry Almond Pizza

Bahan

- doh
- 2 biji putih telur
- 125g (4oz - 3/4 cawan) badam kisar
- 90g (3oz - 1/2 cawan) gula kastor beberapa titis esen badam
- 750g (1 1/2 lb.) balang ceri Morello dalam jus
- 60g (2oz - 1/2 cawan) badam serpihan
- 3 sudu besar Morel0o jem ceri gula aising untuk habuk
- krim putar, untuk menghias

Arah

a) Panaskan ketuhar kepada 220C (425F. Gas 7)
b) Dalam mangkuk, pukul putih telur sedikit. Masukkan badam kisar, gula halus dan esen badam. Ratakan adunan di atas dasar pizza.

c) Toskan ceri, simpan jus. Sudukan di atas pizza, simpan beberapa untuk hiasan. Taburkan badam serpihan dan bakar dalam ketuhar selama 20 minit sehingga doh menjadi garing dan keemasan.

d) Sementara itu, dalam periuk, panaskan jus yang disimpan dan jem sehingga sirap. Taburkan pizza yang dimasak dengan habuk dengan gula aising dan hias dengan krim putar dan ceri simpanan.

34.   Piza Gaya Chicago

Bahan

- 1 cawan sos pizza
- 12 oz. Keju mozzarella yang dicincang
- 1/2 lb. Daging lembu, hancur, masak
- 1/4 lb. Sosej Itali, hancur, masak
- 1/4 lb. Sosej Babi, hancur, masak
- 1/2 cawan Pepperoni, dipotong dadu
- 1/2 cawan bacon Kanada, dipotong dadu
- 1/2 cawan Ham, dipotong dadu
- 1/4 lb. Cendawan, dihiris
- 1 Bawang kecil, dihiris
- 1 lada benggala hijau, dibiji, dihiris
- 2 oz. Keju Parmesan parut

Arah

a) Untuk doh, taburkan yis dan gula ke dalam air suam dalam mangkuk kecil biarkan sehingga berbuih, kira-kira 5 minit.

b) Campurkan tepung, tepung jagung, minyak dan garam dalam mangkuk besar, buat perigi di tengah dan masukkan campuran yis. Kacau hingga membentuk doh yang lembut, tambah lagi tepung jika perlu. Hidupkan ke atas papan tepung dan uli sehingga doh menjadi lembut dan elastik, 7 hingga 10 minit. Pindahkan ke dalam mangkuk besar, tutup dan biarkan mengembang di tempat yang hangat sehingga doh mengembang dua kali ganda, kira-kira 1 jam. tumbuk ke bawah.

c) Canai doh menjadi bulatan 13 inci. Pindahkan ke dalam kuali piza 12-inci yang telah disapu minyak, lipat lebihan untuk membuat rim kecil. Sapukan dengan sos pizza taburkan dengan semua kecuali segenggam keju mozzarella. Taburkan dengan daging dan sayur-sayuran. Teratas dengan baki mozzarella dan keju Parmesan. Biarkan naik di tempat yang hangat kira-kira 25 minit.

d) Panaskan ketuhar hingga 475 darjah. Bakar pizza sehingga kerak keemasan, kira-kira 25 minit. Biarkan 5 minit sebelum dihiris.

35. Piza Deep-Dish

Bahan

- Semburan masak nonstick, untuk menyembur sisipan periuk perlahan
- 8 auns doh pizza yang disediakan (jika disejukkan, biarkan ia mengembang dalam mangkuk berminyak untuk
- 2 jam)
- 8 auns keju mozzarella yang dihiris (bukan parut).
- 8 auns pepperoni dihiris nipis, sebaiknya saiz sandwic
- 1/2 cawan sos piza yang dibeli di kedai
- 1 sudu besar Parmesan parut
- 6 helai daun selasih segar, potong chiffonade
- Cubit lada merah yang telah ditumbuk

Arah

a) Panaskan periuk perlahan pada suhu tinggi selama 20 minit. Sembur sisipan dengan semburan masak nonstick.

b) Pada permukaan yang bersih, regangkan, gulung dan bentukkan doh menjadi kira-kira bentuk yang sama seperti sisipan periuk perlahan. Matlamatnya ialah kerak yang bagus dan nipis. Letakkan dalam periuk dan ratakan jika perlu. Masak di atas api, TIDAK BERTUDUNG, selama 1 jam tanpa topping.

c) Kayap hirisan mozzarella di atas doh dan ke atas bahagian tepi kira-kira 1 inci di atas kerak. Bertindih setiap kepingan, bergerak dalam bulatan mengikut arah jam sehingga perimeter ditutup. Letakkan 1 keping lagi untuk menutup tempat kosong di tengah, jika perlu. Kayap lapisan pepperoni dengan cara yang sama seperti anda membuat keju.

d) Ikuti dengan lapisan kecil sos pizza.

e) Taburkan dengan Parmesan.

f) Masak di atas sehingga kerak keju gelap dan karamel dan bahagian bawahnya padat dan perang, sejam lagi. Berhati-

hati keluarkan dari periuk perlahan menggunakan spatula.
g) Hiaskan dengan basil dan lada merah yang ditumbuk.

36. Piza ketuhar Belanda

Bahan

- 2 pkg. gulungan bulan sabit
- 1 balang sos pizza
- 1 1/2 lb daging lembu kisar
- 8oz keju cheddar yang dicincang
- 8oz keju mozzarella yang dicincang
- 4oz pepperoni
- 2 sudu teh oregano
- 1 sudu kecil serbuk bawang putih
- 1 sudu kecil serbuk bawang

Arah

a) Daging kisar coklat, toskan. Alas ketuhar Belanda dengan 1 pkg. gulungan bulan sabit. Sapukan sos pizza pada doh.
b) Masukkan daging lembu, pepperoni, dan taburkan oregano, serbuk bawang putih, dan serbuk bawang di atasnya. Masukkan keju dan gunakan pkg kedua. gulung bulan sabit untuk membentuk kerak atas.

c) Bakar 30 minit pada suhu 350 darjah. Lain-lain seperti lada hijau dicincang, dicincang

37.   Kon Pizza Salad Telur

Bahan

- 1/4 cawan saus salad Itali berkrim rendah lemak dalam botol
- 1/2 sudu teh perasa Itali, dihancurkan
- 6 biji telur masak keras, dicincang
- 1/4 cawan hirisan bawang hijau dengan bahagian atas
- 1/4 cawan pepperoni cincang
- 6 kon ais krim biasa
- Cendawan cincang, lada hijau, zaitun hitam seperti yang dikehendaki
- 3/4 cawan sos pizza
- 2 sudu besar keju Parmesan parut

Arah

a) Dalam mangkuk sederhana, kacau bersama sos dan perasa. Masukkan telur, bawang besar dan pepperoni.

Tutup dan sejukkan sehingga sedia untuk dihidangkan.

b) Untuk menghidang, cedok kira-kira 1/3 cawan adunan ke dalam setiap kon. Teratas dengan kira-kira 2 sudu besar sos pizza dan cendawan, lada dan buah zaitun seperti yang dikehendaki.
Taburkan setiap satu dengan kira-kira 1 sudu teh keju.

38. Piza ara, taleggio dan radicchio

Bahan

- 3 buah ara Misi kering
- ½ cawan wain merah kering
- 2 sudu besar kepingan walnut mentah'
- Tepung serbaguna
- 1 (6 oz.) bola Doh Pizza Tanpa Uli
- 2 sudu besar minyak zaitun dara tambahan
- ½ kepala radicchio kecil, dicincang (kira-kira ¼ cawan)
- 2 oz. Taleggio atau keju pedas lain, potong kecil

Arah

a) Panaskan ayam daging dengan set rak 5 inci dari unsur atau api. Jika anda menggunakan kuali besi tuang atau kuali griddle untuk piza, letakkan di atas api sederhana tinggi sehingga ia menjadi panas, kira-kira 15 minit.
b) Pindahkan kuali (terbalikkan) atau kuali griddle ke ayam daging.

c) Masukkan buah ara dalam set kuali kecil di atas api sederhana, tuangkan wain, dan biarkan mendidih. Tutup api dan biarkan buah tin meresap sekurang-kurangnya 30 minit. Toskan, kemudian potong $\frac{1}{2}$ inci. Bakar kepingan walnut dalam kuali kering dengan api sederhana tinggi, 3 hingga 4 minit. Pindahkan ke dalam pinggan, biarkan sejuk, dan kemudian cincang kasar.

d) Untuk membentuk doh, taburkan permukaan kerja dengan tepung dan letakkan bebola doh di atasnya. Taburkan dengan tepung dan uli beberapa kali sehingga menjadi doh. Tambah lagi tepung jika perlu. Bentukkannya menjadi bulat 8 inci dengan menekan dari tengah keluar ke arah tepi, meninggalkan sempadan 1 inci lebih tebal daripada yang lain.

e) Buka pintu ketuhar dan cepat-cepat keluarkan rak dengan permukaan memasak di atasnya. Angkat doh dan pindahkan dengan cepat ke permukaan memasak, berhati-hati agar tidak menyentuh permukaan.

f) Tuangkan 1 sudu besar minyak ke atas doh, taburkan kepingan walnut di atas, kemudian radicchio, kemudian buah ara yang dicincang, dan kemudian keju. Luncurkan rak kembali ke dalam ketuhar dan tutup pintu. Panggang piza sehingga kerak mengembang di sekeliling tepi, piza menjadi hitam berbintik-bintik dan keju telah cair, 3 hingga 4 minit.

g) Keluarkan pizza dengan kulit kayu atau logam atau sekeping kadbod persegi, pindahkan ke papan pemotong, dan biarkan ia berehat beberapa minit. Renjiskan baki 1 sudu besar minyak di atas, potong pizza menjadi empat, pindahkan ke pinggan, dan makan.

39. Pai Pizza Mentega Kacang Beku

Bahan

- 2 Doh Nipis kulit doh 12 inci
- 2 Sudu besar mentega, dilembutkan
- 1 8 oz. bungkusan keju krim, dilembutkan
- 1 cawan mentega kacang berkrim, dilembutkan
- 1 1/2 cawan gula halus
- 1 cawan susu
- 1 12-oz. pakej Cool Whip
- sirap coklat

Arah

a) Panaskan ketuhar hingga 400°F.
b) Sapu bahagian atas dan rim kulit piza dengan mentega, letakkan di rak ketuhar tengah dan bakar 8 minit. Keluarkan dan sejukkan pada rak dawai.
c) Dalam mangkuk pengadun elektrik yang besar, pukul keju krim dan mentega kacang, kemudian masukkan gula tepung

dalam tiga bahagian, berselang seli dengan susu.
d) Lipat dalam Cool Whip yang telah dicairkan, kemudian sapukan adunan di atas kerak pizza yang telah disejukkan.
e) Bekukan sehingga padat. Hidangkan piza sejuk, tetapi tidak beku. Sejurus sebelum dihidangkan, siram dengan sirap coklat.

40. Piza super panggang

Bahan

- ¼ cawan sos marinara
- ¼ cawan bayam segar yang dicincang
- ¼ cawan mozzarella yang dicincang
- ¼ cawan tomato ceri dibelah empat
- 1/8 sudu teh oregano

Arah

a) Pukul tepung, air, minyak dan garam hingga rata.
b) Tuang adunan ke atas griddle panas berkabus dengan semburan masak.
c) Panaskan setiap bahagian selama 4-5 minit (sehingga kerak mula coklat).
d) Balikkan kerak sekali lagi dan tutup dengan sos marinara, bayam, keju, tomato dan oregano.
e) Panaskan selama 3 minit atau sehingga keju cair.

41. Pizza Bakar

Bahan

- 1 sudu teh yis kering
- 1 sudu besar minyak soya
- 1 sudu teh gula
- $\frac{1}{2}$ cawan air suam (110°F)
- 1 $\frac{1}{2}$ cawan tepung roti
- 1 sudu besar tepung soya
- 1 sudu teh garam

Arah

a) Satukan yis, gula dan $\frac{1}{2}$ cawan air suam dalam mangkuk, biarkan selama lima minit. Satukan tepung dan garam dalam mangkuk. Campurkan campuran yis dengan mangkuk berisi kering. Tambah sedikit tepung jika doh melekat. Uli selama 10 minit.

b) Masukkan ke dalam mangkuk yang telah digris dan biarkan naik selama 60 minit sehingga ia mengembang dua kali ganda. Terbalikkan ke atas permukaan yang telah ditabur tepung kemudian uli perlahan hingga rata. Gulungkan ke dalam bulatan berdiameter $\frac{1}{4}$" tebal 12". Lebih nipis doh digulung, lebih baik.

c) Sebelum meletakkan kerak anda di atas gril, pastikan gril anda bersih dan mempunyai minyak yang baik. Ini akan membantu mengelakkan doh daripada melekat pada panggangan. Anda memerlukan sesuatu yang cukup besar untuk mengangkut doh anda ke panggangan. Spatula pizza sangat disyorkan untuk tugas ini. Sapu lapisan minyak zaitun extra virgin yang sekata pada bahagian tepi yang akan menghadap ke bawah terlebih dahulu. Minyak akan memperkenalkan rasa dan membantu mengekalkan doh daripada melekat pada panggangan serta memberikan kerak kemasan segar yang bagus.

d) Sebelum meletakkan piza anda di atas panggangan, anda mungkin ingin mengeluarkan rak atas pemanggang anda untuk memudahkan anda membalikkan piza anda.

e) Masak bahagian pertama dari 1-3 minit sebelum terbalik bergantung pada kepanasan gril anda. Pada masa ini, anda perlu menyapu minyak zaitun pada bahagian yang menghadap ke atas. Semasa memasak bahagian pertama, puncak di bawah pinggir kerak untuk memantau kemasannya.

f) Masak sehingga anda berpuas hati dengan penamat dan kemudian terbalikkan kerak anda. Selepas terbalik, segera sapukan sebarang topping yang anda mahu. Anda amat disyorkan untuk memastikan topping sangat ringan, kerana ia tidak akan mempunyai peluang untuk memasak di atas panggangan tanpa membakar kerak. Anda boleh mempertimbangkan untuk memasak dahulu tertentu seperti daging dan sayur-sayuran tebal. Pastikan tutup penutup secepat mungkin untuk memerangkap api dan selesai memasak topping.

g) Masak pizza selama 2-3 minit tambahan atau sehingga anda berpuas hati dengan kemasan kerak.

42. Pizza Putih Bakar dengan Soppressata

Bahan

- doh
- 1 cawan minyak zaitun
- 6 ulas bawang putih ditumbuk
- 2 ulas bawang putih kisar
- 1 cawan susu penuh ricotta
- 1 sudu teh thyme segar yang dicincang
- 2 sudu teh ditambah 1 sudu besar oregano segar yang dicincang, simpan berasingan 1/2 cawan minyak zaitun
- 4 cawan mozzarella yang dicincang
- 1 cawan Parmesan yang dicincang
- 6 auns Soppressata atau salami lain yang diawet, dihiris nipis
- 4 auns lada ceri (berjeruji), toskan dan koyak
- Garam kosher dan lada hitam yang baru dikisar Tepung jagung (kisar kasar), mengikut keperluan

Arah

a) Panaskan ketuhar pada 150°F atau pada tetapan paling rendah. Apabila ketuhar mencapai suhu, matikan ketuhar. Tuangkan air ke dalam mangkuk kerja pemproses makanan atau pengadun berdiri (kedua-duanya harus mempunyai lampiran doh). Taburkan minyak, gula dan yis di atas air dan nadi beberapa kali sehingga sebati. Masukkan tepung dan garam dan proses sehingga adunan sebati. Doh hendaklah lembut dan sedikit melekit. Jika ia sangat melekit, tambah tepung 1 sudu pada satu masa, dan denyutan sebentar. Jika masih terlalu kaku, masukkan 1 sudu besar air dan nadi sekejap. Proses 30 saat lagi.

b) Balikkan doh ke atas permukaan kerja yang ditaburkan sedikit tepung. Uli dengan tangan untuk membentuk bola yang licin dan bulat. Masukkan doh ke dalam mangkuk besar dan bersih yang telah disalut dengan minyak zaitun dan tutup rapat dengan bungkus plastik. Biarkan naik selama 15 minit di dalam ketuhar sebelum meneruskan.

c) Dalam periuk kecil masukkan 1 cawan minyak zaitun dengan 6 ulas bawang putih yang ditumbuk. Biarkan sehingga mendidih, kemudian keluarkan dari api untuk membolehkan bawang putih menyerap minyak dan sejuk. Dalam mangkuk kecil gabungkan ricotta, 2 ulas bawang putih cincang, thyme cincang, dan 2 sudu teh oregano cincang. Keluarkan doh dari ketuhar, tumbuk ke bawah, dan keluarkan ke atas permukaan kerja yang ditaburkan sedikit tepung. Bahagikan doh kepada empat bebola 4 inci. Letakkan batu pizza di atas gril dan panaskan gril gas ke atas.

d) Taburkan sedikit permukaan kerja dengan $\frac{1}{4}$ cawan tepung jagung. Canai atau regangkan 1 doh bulat perlahan-lahan menjadi 12" segi empat tepat atau bulatan, $\frac{1}{4}$" tebal. Sapu dengan kira-kira 2 sudu besar minyak zaitun. Taburkan kulit pizza dengan tepung jagung dan kemudian luncurkan doh bulat ke atasnya. Letakkan topping pada bulatan doh mengikut urutan ini Mula-mula sapu dengan minyak bawang putih, kemudian taburkan dengan ricotta herba, kemudian atas dengan mozzarella, parmesan, Soppressata, dan lada ceri.

e) Dengan kulit piza, luncurkan piza ke atas batu piza panas. Tutup penutup secepat mungkin. Bakar selama kira-kira 5-7 minit, atau sehingga bahagian bawah kerak keperangan, toppingnya hangat dan keju berbuih, kira-kira 5 hingga 10 minit.

43. Pizza Sayur Bakar

Bahan

- 1 cawan air suam (kira-kira 100 darjah F)
- ¼ cawan minyak zaitun 1 ½ sudu teh madu
- 1 sampul yis naik cepat
- 3 cawan tepung serba guna, ditambah tambahan mengikut keperluan
- 1 ½ sudu teh garam halal.

Arah

a) Panaskan ketuhar hingga 150 darjah atau pada tetapan paling rendah. Apabila ketuhar mencapai suhu, matikan ketuhar. Tuangkan air ke dalam mangkuk kerja pemproses makanan atau pengadun berdiri (kedua-duanya harus mempunyai lampiran doh). Taburkan minyak, gula dan yis di atas air dan nadi beberapa kali sehingga sebati. Masukkan tepung dan garam dan proses sehingga adunan sebati. Doh hendaklah lembut dan sedikit melekit. Jika ia sangat melekit, masukkan tepung 1 Sudu besar pada satu masa, dan nadi sekejap. Jika masih terlalu kaku, masukkan 1 Sudu Besar air dan nadi sekejap. Proses 30 saat lagi.

b) Balikkan doh ke atas permukaan kerja yang ditaburkan dengan sedikit tepung, uli dengan tangan untuk membentuk bola yang licin dan bulat. Masukkan doh ke dalam mangkuk besar dan bersih yang telah disalut dengan minyak zaitun dan tutup rapat dengan bungkus plastik. Biarkan naik selama 15 minit di dalam ketuhar sebelum meneruskan. Keluarkan doh dari ketuhar, tumbuk ke bawah, dan keluarkan ke permukaan kerja yang ditaburkan sedikit tepung.

c) Bahagikan doh kepada empat bebola 4 inci dan teruskan dengan arahan membuat piza.

44. Piza Mozzarella, arugula dan lemon

Bahan

- 1 Doh Pizza
- 2 cawan tomato puree
- 1 ulas bawang putih, ditumbuk
- 1 sudu teh oregano kering
- 1 sudu kecil pes tomato
- $\frac{1}{2}$ sudu teh garam
- Lada hitam dikisar
- $\frac{1}{4}$ sudu teh serpihan lada merah
- 2 cawan keju mozzarella yang dicincang
- $\frac{1}{2}$ cawan Parmigiana parut
- Pilihan tetapi sangat bagus
- $\frac{1}{2}$ tandan (kira-kira 2 cawan) arugula, dibersihkan dan dikeringkan
- $\frac{1}{2}$ lemon
- Sebiji minyak zaitun

Arah

a) Tuangkan puri tomato ke dalam periuk bersaiz sederhana dan panaskan dengan api sederhana. Masukkan bawang putih, oregano, dan pes tomato. Kacau untuk memastikan pes telah diserap ke dalam puri.

b) Biarkan sehingga mendidih (ini membantu sos berkurangan sedikit), kemudian kecilkan api dan kacau untuk memastikan sos tidak melekat. Sos boleh siap dalam masa 15 minit atau boleh reneh lebih lama, sehingga $\frac{1}{2}$ jam. Ia akan berkurangan kira-kira satu perempat, yang memberi anda sekurang-kurangnya $\frac{3}{4}$ cawan puri setiap piza.

c) Rasa untuk garam dan perasakan dengan sewajarnya, dan tambah lada hitam dan/atau kepingan lada merah. Keluarkan ulas bawang putih.

d) Sendukkan sos ke tengah bulatan doh, dan dengan spatula getah, ratakan sehingga permukaannya tertutup sepenuhnya.

e) Letakkan mozzarella (1 cawan setiap pizza 12 inci) di atas sos. Ingat, keju akan merebak apabila ia cair di dalam ketuhar, jadi jangan risau jika nampaknya pizza anda tidak dipenuhi dengan keju.

f) Letakkan dalam ketuhar 500°F yang telah dipanaskan dan bakar seperti yang diarahkan untuk doh pizza.

g) Apabila piza siap, hiaskan dengan Parmigiana dan arugula (jika menggunakan). Perah lemon di seluruh sayur-sayuran dan/atau renjiskan dengan minyak zaitun jika anda mahu.

45. Piza Mexico

Bahan

- 1/2 lb daging lembu kisar
- 1/2 sudu teh garam
- 1/4 sudu teh bawang cincang kering
- 1/4 sudu teh paprika
- 1-1/2 sudu teh serbuk cili
- 2 sudu besar air
- 8 tortilla tepung kecil (6-inci diameter).
- 1 cawan Crisco shortening atau minyak masak
- 1 (16 oz.) tin kacang goreng
- 1/3 cawan tomato potong dadu
- 2/3 cawan picante salsa ringan
- 1 cawan keju cheddar yang dicincang
- 1 cawan keju Monterey Jack yang dicincang
- 1/4 cawan bawang hijau dicincang
- 1/4 cawan hirisan buah zaitun hitam

Arah

a) Masak daging lembu di atas api sederhana sehingga perang, kemudian toskan lebihan lemak dari kuali. Masukkan garam, bawang besar, paprika, serbuk cili dan air, dan kemudian biarkan adunan mendidih dengan api sederhana selama kira-kira 10 minit. Kacau selalu.

b) Panaskan minyak atau Crisco shortening dalam kuali dengan api sederhana tinggi. Jika minyak mula berasap, ia terlalu panas. Apabila minyak panas, goreng setiap tortilla selama kira-kira 30–45 saat setiap sisi dan ketepikan di atas tuala kertas.

c) Apabila menggoreng setiap tortilla, pastikan untuk meletuskan sebarang buih yang terbentuk supaya tortilla meletakkan rata dalam minyak. Tortilla harus menjadi coklat keemasan. Panaskan kacang goreng dalam kuali kecil di atas dapur atau dalam ketuhar gelombang mikro.

d) Panaskan ketuhar hingga 400F. Apabila daging dan tortilla siap, susun setiap piza dengan terlebih dahulu menyebarkan kira-kira 1/3 cawan kacang goreng pada muka satu tortilla. Seterusnya sapukan 1/4 hingga 1/3 cawan daging, kemudian tortilla lain.

e) Salutkan piza anda dengan dua sudu besar salsa pada setiap satu, kemudian belah tomato dan susunkannya di atas. Seterusnya bahagikan keju, bawang dan buah zaitun, susun mengikut susunan itu.

f) Letakkan piza di dalam ketuhar panas anda selama 8-12 minit atau sehingga keju di atas cair. Membuat 4 pizza.

46. Bagel Pizza Mini

Bahan

- Bagel Mini
- Sos Pizza
- Keju Mozzarella yang dicincang

Arah

a) Panaskan ketuhar kepada 400
b) Belah bagel kepada dua, ratakan sos pada setiap separuh, taburkan keju.
c) Bakar 3-6 minit atau sehingga keju cair mengikut citarasa anda.

47.   Pizza Muffuletta

Bahan

- 1/2 cawan saderi yang dicincang halus
- 1/3 cawan buah zaitun hijau pimento yang dicincang
- 1/4 cawan pepperoncini cincang
- 1/4 cawan bawang koktel dicincang
- 1 ulas bawang putih, dikisar
- 3 Sudu besar minyak zaitun dara tambahan
- 2 sudu teh campuran sos salad Itali kering
- 3 oz. deli ham/salami dihiris nipis, dipotong dadu
- 8 oz. keju provolone yang dicincang
- 2 12" kerak doh yang belum dimasak
- minyak zaitun extra virgin

Arah

a) Campurkan 7 pertama untuk salad zaitun yang diperap dan sejukkan semalaman. Satukan salad zaitun, ham dan keju. Atas satu kerak doh dengan 1/2 adunan. Siram dengan minyak. Bakar dalam ketuhar yang telah dipanaskan 500° F selama
b) 8–10 minit atau sehingga kerak berwarna perang keemasan dan keju cair.
Keluarkan dari ketuhar dan sejukkan di atas rak dawai selama 2–3 minit sebelum dipotong menjadi baji dan dihidangkan.
c) Ulang dengan kerak doh yang lain.

48.   Pan Pizza

Bahan

- doh
- 2 sudu besar minyak zaitun
- 1 ulas bawang putih, kupas dan kisar
- 2 sudu besar pes tomato
- Secubit kepingan cili, secukup rasa
- 128-auns tin tomato yang dicincang atau dihancurkan
- 2 sudu besar madu, atau secukup rasa
- 1 sudu teh garam halal, atau secukup rasa

Arah

a) Satukan tepung dan garam dalam mangkuk adunan terbesar anda. Dalam mangkuk adunan lain, satukan air, mentega, minyak zaitun dan yis. Gaul sebati.

b) Gunakan spatula getah untuk membuat perigi di tengah pada adunan tepung, dan tambahkannya cecair dari mangkuk lain, kacau dengan spatula dan kikis ke bawah bahagian mangkuk untuk menyatukan semuanya.

c) Gaulkan semuanya sehingga menjadi doh basah yang besar dan berbulu, tutup dengan bungkus plastik dan biarkan selama 30 minit.

d) Buka tutup doh dan, dengan tangan yang ditaburkan tepung, uli sehingga ia licin dan melekit, kira-kira 3 hingga 5 minit. Pindahkan bebola doh ke dalam mangkuk adunan yang bersih, tutup dengan bungkus plastik dan biarkan mengembang selama 3 hingga 5 jam pada suhu bilik, kemudian sejukkan, sekurang-kurangnya 6 jam dan sehingga 24 jam.

e) Pagi anda ingin membuat pizza, keluarkan doh dari peti sejuk, bahagikan kepada 3 ketul yang sama saiz (kira-kira 600 gram setiap satu) dan bentukkannya menjadi bebola bujur. Gunakan minyak zaitun untuk melincirkan tiga kuali besi tuang 10 inci, kuali pembakar 8 inci dengan 10 inci dengan sisi tinggi, pinggan mangkuk kaca 7 inci kali 11 inci atau gabungannya, dan letakkan bebola ke dalam mereka.

f) Tutup dengan bungkus plastik, dan biarkan naik pada suhu bilik, 3 hingga 5 jam. adunan berkilat dan baru mula karamel.

g) Buat sos. Letakkan periuk di atas api sederhana sederhana, dan tambahkan 2 sudu besar minyak zaitun. Apabila minyak berkilauan, masukkan bawang putih cincang dan masak, kacau, sehingga ia keemasan dan aromatik, kira-kira 2 hingga 3 minit.

h) Masukkan pes tomato dan secubit kepingan cili, dan naikkan api ke sederhana. Masak, kacau selalu

i) Masukkan tomato, biarkan mendidih, kemudian kecilkan api dan biarkan mendidih selama 30 minit, kacau sekali-sekala.

j) Keluarkan sos dari api, dan kacau dalam madu dan garam, secukup rasa, kemudian kisar dalam pengisar rendaman atau biarkan sejuk dan gunakan pengisar biasa. (Sos boleh dibuat lebih awal dan disimpan di dalam peti sejuk atau peti sejuk. Ia cukup untuk 6 pai atau lebih.)

k) Selepas 3 jam atau lebih, doh akan menjadi hampir dua kali ganda saiznya. Regangkan doh dengan sangat lembut ke tepi kuali, lesungkan dengan jari anda dengan lembut. Doh kemudiannya boleh dibiarkan berehat selama 2 hingga 8 jam lagi, ditutup dengan bungkus.

l) Buat pizza. Panaskan ketuhar hingga 450. Tarik perlahan-lahan doh ke tepi kuali jika ia belum naik ke tepi. Gunakan sudu atau senduk untuk meletakkan 4 hingga 5 sudu besar sos ke atas doh, perlahan-lahan menutupnya sepenuhnya. Taburkan mozzarella lembapan rendah pada pai, kemudian taburkannya dengan mozzarella segar dan pepperoni secukup rasa. Taburkan dengan oregano dan bulu mata dengan sedikit minyak zaitun.

m) Letakkan piza di atas rak tengah ketuhar di atas loyang atau lembaran pembakar yang besar untuk menangkap tumpahan, kemudian masak selama 15 minit atau lebih. Gunakan spatula offset untuk mengangkat piza dan periksa bahagian bawahnya.

n) Piza siap apabila kerak berwarna keemasan dan keju cair dan mula berwarna perang di atasnya, kira-kira 20 hingga 25 minit.

49. Cili Pizza Pepperoni

Bahan

- 2 paun daging lembu kisar
- 1 paun Pautan Sosej Itali Panas
- 1 biji bawang besar, dicincang
- 1 lada hijau besar, dicincang
- 4 ulas bawang putih, dikisar
- 1 balang (16 auns) salsa
- 1 tin (16 auns) kacang cili api, tidak disaring
- 1 tin (16 auns) kacang ginjal, bilas dan toskan
- 1 tin (12 auns) sos pizza
- 1 bungkusan (8 auns) dihiris pepperoni, dibelah dua
- 1 cawan air
- 2 sudu kecil serbuk cili
- 1/2 sudu teh garam
- 1/2 sudu teh lada

- 3 cawan (12 auns) bahagian yang dicincang keju mozzarella skim

Arah

a) Dalam ketuhar Belanda, masak daging lembu, sosej, bawang merah, lada hijau dan bawang putih dengan api sederhana sehingga daging tidak lagi merah jambu; toskan.
b) Masukkan salsa, kacang, sos pizza, pepperoni, air, serbuk cili, garam dan lada sulah. Biarkan mendidih. Kurangkan haba; tutup.

50. Pesto Pizza

Bahan

- 1 1/2 cawan (bungkus) daun bayam bertangkai
- 1/2 cawan (dibungkus) daun selasih segar (kira-kira 1 tandan)
- 1 1/2 sudu besar minyak daripada tomato kering atau minyak zaitun yang dibungkus minyak
- 1 ulas bawang putih besar
- Minyak zaitun
- 1 12 inci kulit doh Gaya NY
- 1/3 cawan tomato kering yang dihiris minyak yang dibungkus matahari 2 cawan keju mozzarella parut (kira-kira 8 auns)
- 1 cawan keju Parmesan parut

Arah

a) Kisar 4 pertama dalam pemproses hingga menjadi puri kasar. Pindahkan pesto ke mangkuk kecil. (Boleh disediakan 1 hari lebih awal. Tekan plastik terus ke permukaan pesto untuk menutup peti sejuk.) Panaskan ketuhar hingga 500F. Gris loyang pizza 12 inci dengan minyak zaitun.

b) Susun doh dalam kuali dan sapukan semua pesto atas doh. Taburkan dengan tomato kering matahari, kemudian keju. Bakar pizza sehingga kerak keperangan dan keju cair.

51. Pizza Cheesesteak Philly

Bahan

- 1 Bawang Sederhana, dihiris
- 1 lada hijau sederhana, dihiris
- 8 oz. Cendawan, dihiris
- 8 oz. Daging lembu panggang, dicukur
- 3 sudu besar sos Worcestershire
- 1/4 teh. Lada hitam
- 1 Batch Doh Kerak Tebal Sicily
- 3 Sudu Besar Minyak Zaitun
- 1 sudu teh bawang putih yang ditumbuk
- 4 cawan keju provolone
- 1/4 cawan keju Parmesan, parut

Arah

a) Tumis sayur dalam 1 sudu besar. minyak zaitun sehingga lembik masukkan daging lembu panggang. Masak selama tiga minit lagi.

b) Masukkan sos Worcestershire dan lada sulah kacau dan keluarkan dari api. Mengetepikan.

c) Sapu doh yang disediakan dengan minyak zaitun dan sapukan bawang putih yang telah dihancurkan ke seluruh permukaan doh. Teratas dengan lapisan ringan keju parut, kemudian campuran daging/sayuran, edarkan sama rata.

d) Teratas dengan baki keju parut, kemudian Parmesan. Bakar dalam ketuhar 500F yang telah dipanaskan terlebih dahulu sehingga keju cair dan berbuih.
e) Biarkan 5 minit sebelum dipotong dan dihidangkan.

52. Piza pita dengan buah zaitun hijau

Bahan

Salad cincang

- 1 ulas bawang putih, dikupas dan dibelah dua
- 2 sudu besar cuka balsamic
- 1 biji bawang merah kecil, dibelah dua, dihiris nipis
- ¼ cawan minyak zaitun dara tambahan
- Garam laut kasar dan lada hitam segar 3 hati romaine, dicincang kasar 4 timun Kirby sederhana, dipotong menjadi
- kepingan bersaiz gigitan
- 2 biji tomato sederhana, dibuang biji, dibuang biji dan dipotong dadu
- 1 buah alpukat masak, dipotong dadu
- 5 helai daun selasih segar, dikoyakkan
- 8-10 helai daun pudina segar, dikoyakkan

Pizza Pita
- 4 (7 inci) poket kurang roti pita
- 8oz. Keju Monterey Jack, parut
- ½ cawan buah zaitun hijau yang diadu dan dicincang
- 2 lada jalapeño, dicincang Serpihan lada merah yang dihancurkan Lada hitam yang baru dikisar Keju Parmesan yang dicukur untuk hiasan

Arah

a) Panaskan ketuhar hingga 450°F.
b) Untuk menyediakan salad, gosok dengan kuat bahagian dalam mangkuk besar dengan bawang putih. Masukkan cuka dan bawang merah dan ketepikan selama 5 minit. Pukul minyak dan perasakan dengan garam dan lada sulah. Masukkan salad, timun, tomato, alpukat, selasih, dan pudina dan gaul rata.
c) Bakar pitas, dalam kelompok jika perlu, di atas batu pizza yang dipanaskan atau kuali selama 3 minit. Dalam mangkuk kecil, satukan keju, buah zaitun dan jalapeño. Bahagikan campuran ini di antara empat pita.
d) Kembalikan pitas ke dalam ketuhar, dua pada satu masa, dan bakar sehingga keju menggelegak dan berwarna perang, kira-kira 5 minit. Letakkan salad di atas pizza, taburkan dengan keju Parmesan, dan hidangkan.
e) TAPURkan roti pita dengan sos. MASUKKAN serbuk bawang putih tambahan dan oregano jika mahu.

Kemudian TAMBAHKAN pilihan topping anda! Tomato cincang, bawang, lada, zucchini, atau labu kuning semuanya lazat dan berkhasiat!

f) BAKAR pada suhu 400° selama 10 minit.

53. Pizza Burger

Bahan

- 1 lb daging lembu kisar
- 1/4 c buah zaitun cincang
- 1 c keju cheddar
- 1/2 t serbuk bawang putih
- 1 8 oz. boleh sos tomato
- 1 biji bawang besar, potong dadu

Arah

a) Daging perang dengan bawang putih dan bawang merah.
b) Keluarkan dari api dan kacau dalam sos tomato dan zaitun.
c) Letakkan dalam roti hot dog dengan keju.
d) Balut dalam foil dan bakar selama 15 minit pada suhu 350 darjah.

54.   Lunchbox Pizza

Bahan

- 1 roti pita bulat
- 1 sudu teh minyak zaitun
- 3 Sudu besar sos pizza
- 1/2 C. keju mozzarella dicincang
- 1/4 C. cendawan crimini dihiris
- 1/8 sudu teh garam bawang putih

Arah

a) Tetapkan gril anda untuk api sederhana tinggi dan griskan gril gril.
b) Sapukan minyak dan sos pizza pada 1 sisi roti pita secara rata.
c) Letakkan cendawan dan keju di atas sos dan taburkan semuanya dengan garam bawang putih.
d) Susun roti pita di atas panggangan, cendawan menghadap ke atas.
e) Tutup dan masak di atas panggangan selama kira-kira 5 minit.

55. Hidangan Buah-buahan Sejuk

Bahan

- 1 (18 oz.) bungkusan adunan biskut gula yang disejukkan
- 1 (7 oz.) balang krim marshmallow
- 1 (8 oz.) bungkusan keju krim, dilembutkan

Arah

a) Tetapkan ketuhar anda kepada 350 darjah F sebelum melakukan perkara lain.
b) Letakkan doh di atas loyang sederhana kira-kira 1/4 inci tebal.
c) Masak semuanya di dalam ketuhar selama kira-kira 10 minit.
d) Keluarkan segala-galanya dari ketuhar dan biarkan ia sejuk.
e) Dalam mangkuk, campurkan bersama krim keju dan krim marshmallow.
f) Sapukan campuran keju krim ke atas kerak dan sejukkan untuk sejuk sebelum dihidangkan.

56. Pizza berasap

Bahan

- 3 1/2 C. tepung serba guna
- Yis Kerak Pizza
- 1 Sudu besar gula
- 1 1/2 sudu teh garam
- 1 1/3 C. air sangat suam (120 darjah hingga 130 darjah F)
- 1/3 C. minyak
- Tepung tambahan untuk menggulung
- Minyak tambahan untuk memanggang
- sos pizza
- Topping lain mengikut kehendak
- Keju mozzarella yang dicincang

Arah

a) Tetapkan gril anda untuk api sederhana tinggi dan griskan gril gril.
b) Dalam mangkuk besar, campurkan bersama 2 C. tepung, yis, gula dan garam.
c) Masukkan minyak dan air dan gaul hingga sebati.
d) Perlahan-lahan masukkan baki tepung dan gaul sehingga menjadi doh yang sedikit likat.
e) Letakkan doh di atas permukaan tepung dan uli sehingga doh menjadi kenyal.

f) Bahagikan doh kepada 8 bahagian dan canai setiap bahagian di atas permukaan yang ditaburkan dengan kira-kira 8 inci bulatan.
g) Sapukan kedua-dua belah setiap kerak dengan sedikit minyak tambahan.
h) Masak semua kerak di atas panggangan selama kira-kira 3-4 minit.
i) Pindahkan kerak ke atas permukaan licin, bahagian panggang ke atas.
j) Sapukan lapisan nipis sos pizza pada setiap kerak secara merata.
k) Letakkan topping dan keju yang anda inginkan di atas sos dan masak semuanya di atas panggangan sehingga keju cair.

57. Pizza Gigi Manis

Bahan

- 1 (18 oz.) bungkusan adunan biskut gula yang disejukkan
- 1 (8 oz.) bekas beku topping disebat, dicairkan
- 1/2 C. hirisan pisang
- 1/2 C. hirisan strawberi segar
- 1/2 C. nanas hancur, toskan
- 1/2 C. anggur tanpa biji, dibelah dua

Arah

a) Tetapkan ketuhar anda kepada 350 darjah F sebelum melakukan perkara lain.
b) Letakkan doh pada kuali pizza 12 inci.
c) Masak semuanya dalam ketuhar selama kira-kira 15-20 minit.
d) Keluarkan segala-galanya dari ketuhar dan biarkan ia sejuk.
e) Sapukan topping yang disebat ke atas kerak dan atas dengan buah dalam sebarang reka bentuk yang dikehendaki.
f) Sejukkan untuk sejuk sebelum dihidangkan.

58. Pizza Unik

Bahan

- 1 (10 oz.) tin doh kerak pizza yang disejukkan
- 1 C. hummus tersebar
- 1 1/2 C. dihiris lada benggala, apa-apa warna
- 1 C. kuntum brokoli
- 2 C. keju Monterey Jack dicincang

Arah

a) Tetapkan ketuhar anda kepada 475 darjah F sebelum melakukan perkara lain.
b) Letakkan doh pada kuali pizza.
c) Letakkan lapisan nipis hummus di atas kerak secara sama rata dan letakkan semuanya dengan brokoli dan lada benggala.
d) Taburkan pizza dengan keju dan masak semuanya di dalam ketuhar selama kira-kira 10-15 minit.

59. Pizza Artisan

Bahan

- 1 (12 inci) kerak piza pra-bakar
- 1/2 C. pesto
- 1 tomato masak, dicincang
- 1/2 C. lada benggala hijau, dicincang
- 1 (2 oz.) tin zaitun hitam yang dicincang, toskan
- 1/2 biji bawang merah kecil, dihiris
- 1 (4 oz.) boleh membuat hati articok, ditoskan dan dihiris
- 1 C. keju feta hancur

Arah

a) Tetapkan ketuhar anda kepada 450 darjah F sebelum melakukan perkara lain.
b) Letakkan doh pada kuali pizza.
c) Letakkan lapisan nipis pesto di atas kerak secara rata dan atasnya dengan sayur-sayuran dan keju feta.
d) Taburkan pizza dengan keju dan masak semuanya di dalam ketuhar selama kira-kira 8-10 minit.

60.   Pepperoni Pizza Dip

Bahan

- 1 (8 oz.) bungkusan keju krim, dilembutkan
- 1 (14 oz.) tin sos pizza
- 1/4 lb. sosej pepperoni, dipotong dadu
- 1 bawang, dicincang
- 1 (6 oz.) tin zaitun hitam, dicincang
- 2 C. keju mozzarella yang dicincang

Arah

a) Tetapkan ketuhar anda kepada 400 darjah F sebelum melakukan perkara lain dan griskan kuali pai 9 inci.
b) Di bahagian bawah kuali pai yang disediakan, letakkan keju krim dan atas dengan sos pizza.
c) Teratas segala-galanya dengan zaitun, pepperoni dan bawang dan taburkan dengan keju mozzarella.
d) Masak semuanya dalam ketuhar selama kira-kira 20-25 minit.

61. Pizza Tuna

Bahan

- 1 (8 oz.) bungkusan keju krim, dilembutkan
- 1 (14 oz.) bungkusan kerak piza yang telah dibakar
- 1 (5 oz.) tin tuna, toskan dan dikelupas
- 1/2 C. bawang merah dihiris nipis
- 1 1/2 C. keju mozzarella dicincang
- kepingan lada merah dihancurkan, atau secukup rasa

Arah

a) Tetapkan ketuhar anda kepada 400 darjah F sebelum melakukan perkara lain.
b) Sapukan keju krim ke atas kerak yang telah dibakar.
c) Teratas kerak dengan tuna dan bawang dan taburkan dengan keju mozzarella dan kepingan lada merah.
d) Masak semuanya dalam ketuhar selama kira-kira 15-20 minit.

62. Ayam Berperisa Pizza

Bahan

- 1/2 C. serbuk roti berperisa Itali
- 1/4 C. keju Parmesan parut
- 1 sudu teh garam
- 1 sudu kecil lada hitam yang dikisar
- 1/2 C. tepung serba guna
- 1 biji telur
- 1 sudu besar jus lemon
- 2 bahagian dada ayam tanpa kulit dan tanpa tulang
- 1/2 C. sos pizza, dibahagikan
- 1/2 C. keju mozzarella dicincang, dibahagikan
- 4 keping pepperoni, atau secukup rasa - dibahagikan

Arah

a) Tetapkan ketuhar anda kepada 400 darjah F sebelum melakukan perkara lain.
b) Dalam hidangan cetek, masukkan jus lemon dan telur dan pukul dengan baik.
c) Dalam mangkuk cetek kedua, letakkan tepung.
d) Dalam mangkuk ketiga, campurkan bersama Parmesan, serbuk roti, garam dan lada hitam.

e) Salut setiap bahagian dada ayam dengan adunan telur dan canai ke dalam adunan tepung.
f) Sekali lagi celup ayam dalam adunan telur dan canai ke dalam adunan serbuk roti.
g) Susun dada ayam ke dalam loyang dan masak semuanya di dalam ketuhar selama kira-kira 20 minit.
h) Letakkan kira-kira 2 Sudu Besar sos pizza di atas setiap dada ayam dan atas dengan keju dan hirisan pepperoni secara rata.
i) Masak semuanya di dalam ketuhar selama kira-kira 10 minit.

63. Sarapan Pizza

Bahan

- 2/3 C. air suam
- 1 (.25 oz.) bungkusan yis segera
- 1/2 sudu teh garam
- 1 sudu teh gula putih
- 1/4 sudu teh oregano kering
- 1 3/4 C. tepung serba guna
- 6 keping bacon, dicincang
- 1/2 C. bawang hijau, dihiris nipis
- 6 biji telur, dipukul
- garam dan lada sulah secukup rasa
- 1/2 C. sos piza
- 1/4 C. keju Parmesan parut
- 2 oz. salami dihiris nipis

Arah

a) Tetapkan ketuhar anda kepada 400 darjah F sebelum melakukan apa-apa lagi dan griskan sedikit dulang piza.
b) Dalam mangkuk, masukkan air, gula, yis, oregano dan garam dan kacau sehingga larut sepenuhnya.
c) Masukkan lebih kurang 1 C. tepung dan gaul rata.
d) Masukkan baki tepung dan gaul rata.

e) Dengan bungkus plastik, tutup mangkuk dan ketepikan selama kira-kira 10-15 minit.
f) Panaskan kuali besar pada api sederhana dan masak bacon sehingga perang sepenuhnya.
g) Masukkan bawang hijau dan tumis selama kira-kira 1 minit.
h) Masukkan telur dan masak, kacau sehingga telur hancur disediakan.
i) Masukkan garam dan lada hitam.
j) Sapukan sos pizza ke atas doh dan letakkan doh ke atas dulang pizza yang telah disediakan.
k) Teratas dengan bacon, telur, Parmesan dan salami dan masak semuanya di dalam ketuhar selama kira-kira 20-25 minit.

64. Pizza Segar Taman

Bahan

- 2 (8 oz.) bungkusan gulungan bulan sabit yang disejukkan
- 2 (8 oz.) bungkusan keju krim, dilembutkan
- 1/3 C. mayonis
- 1 (1.4 oz.) bungkusan campuran sup sayur-sayuran kering
- 1 C. lobak, dihiris
- 1/3 C. lada benggala hijau dicincang
- 1/3 C. lada benggala merah dicincang
- 1/3 C. lada benggala kuning dicincang
- 1 C. kuntum brokoli
- 1 C. kuntum bunga kobis
- 1/2 C. lobak merah dicincang
- 1/2 C. saderi dicincang

Arah

a) Tetapkan ketuhar anda kepada 400 darjah F sebelum melakukan perkara lain.
b) Di bahagian bawah kuali jellyroll 11x14 inci, ratakan doh gulungan bulan sabit.
c) Dengan jari anda, cubit mana-mana jahitan bersama-sama untuk membuat kerak.

d) Masak semuanya di dalam ketuhar selama kira-kira 10 minit.
e) Keluarkan segala-galanya dari ketuhar dan simpan di tepi untuk menyejukkan sepenuhnya.
f) Dalam mangkuk, campurkan bersama mayonis, keju krim dan campuran sup sayur-sayuran.
g) Letakkan campuran mayonis di atas kerak secara rata dan letakkan semuanya dengan sayur-sayuran secara sama rata dan tekan perlahan-lahan ke dalam adunan mayonis.
h) Dengan bungkus plastik, tutup piza dan sejukkan semalaman.

65. Kerang Piza

Bahan

- 2 (28 oz.) tin tomato dihancurkan
- 2 sudu besar minyak kanola
- 2 Sudu besar oregano kering
- 1 sudu teh selasih kering
- 1 sudu teh gula putih
- 1 (12 oz.) kotak kerang pasta jumbo
- 1 (6 oz.) tin cendawan dihiris, toskan
- 1/2 lada benggala hijau, dicincang
- 1/2 bawang, dicincang
- 2 C. keju Monterey Jack dicincang
- 1 (6 oz.) bungkusan pepperoni mini yang dihiris

Arah

a) Dalam kuali, masukkan tomato hancur, basil, oregano, gula dan minyak dan gaul rata.
b) Tutup kuali dan biarkan mendidih.
c) Kecilkan api dan reneh selama kira-kira 30 minit.
d) Tetapkan ketuhar anda kepada 350 darjah F.
e) Dalam kuali besar dengan air mendidih masin sedikit, masak kulit pasta selama kira-kira 10 minit, kacau sekali-sekala.
f) Toskan dengan baik dan ketepikan.

g) Dalam mangkuk, campurkan bersama lada hijau, bawang dan cendawan.

h) Letakkan kira-kira 1 sudu teh sos tomato dalam setiap cengkerang dan taburkan dengan campuran bawang dan kira-kira 1 sudu besar keju Monterey Jack.

i) Dalam hidangan pembakar 13x9 inci, susun kerang, sebelah menyebelah dan sentuh serta letak hirisan pepperoni mini di atas setiap cangkerang.

j) Masak semuanya dalam ketuhar selama kira-kira 30 minit.

66.   Pizza Kuali Itali Panas

Bahan

- 1 Sudu besar minyak zaitun
- 1 biji bawang Sepanyol, dihiris nipis
- 1 lada benggala hijau, dihiris nipis
- 1 (3.5 oz.) pautan sosej Itali panas, dihiris
- 1/4 C. hirisan cendawan segar, atau lebih secukup rasa
- 1 keping polenta yang disediakan, dipotong menjadi kepingan 4x4 inci
- 1/4 C. sos spageti, atau mengikut keperluan
- 1 oz. keju mozzarella yang dicincang

Arah

a) Dalam kuali besar, panaskan minyak pada api sederhana dan tumis sosej, lada benggala, cendawan dan bawang selama kira-kira 10-15 minit.
b) Pindahkan adunan ke dalam mangkuk besar.
c) Dalam kuali yang sama, masukkan polenta dan masak selama kira-kira 5 minit di kedua-dua belah.

d) Hiaskan polenta dengan campuran sosej, diikuti dengan sos spageti dan keju mozzarella.
e) Masak lebih kurang 5-10 minit.

67.   Pizza Gaya New Orleans

Bahan

- 8 biji zaitun hitam jumbo, diadu
- 8 biji buah zaitun hijau
- 2 Sudu besar saderi cincang
- 2 Sudu besar bawang merah yang dihiris
- 2 ulas bawang putih dicincang
- 6 helai daun selasih segar dicincang
- 1 sudu besar pasli segar yang dicincang
- 2 sudu besar minyak zaitun
- 1/2 sudu teh oregano kering
- garam dan lada hitam yang baru dikisar secukup rasa
- 1 (16 oz.) bungkusan kerak piza siap sedia
- 1 Sudu besar minyak zaitun
- 1/2 sudu teh serbuk bawang putih secukup rasa dan garam secukup rasa
- 2 oz. keju mozzarella dan 2 oz. keju provolon
- 2 oz. keju Parmesan parut
- 2 oz. salami keras yang dihiris nipis, dipotong menjadi jalur
- 2 oz. mortadella dihiris nipis, dipotong menjadi jalur
- 4 oz. prosciutto dihiris nipis, dipotong menjadi jalur

Arah

a) Dalam mangkuk, campurkan bersama zaitun, bawang, saderi, bawang putih, herba segar, oregano kering, garam, lada hitam dan minyak.
b) Tutup dan sejukkan untuk sejuk sebelum digunakan.
c) Tetapkan ketuhar anda kepada 500 darjah F.
d) Sapu kerak pizza dengan minyak dan taburkan serbuk bawang putih dan garam.
e) Susun kerak pizza di atas rak ketuhar dan masak semuanya di dalam ketuhar selama kira-kira 5 minit.
f) Keluarkan segala-galanya dari ketuhar dan simpan di tepi untuk menyejukkan sepenuhnya.
g) Sekarang, tetapkan ketuhar kepada ayam pedaging.
h) Dalam mangkuk, campurkan semua baki.
i) Masukkan bancuhan zaitun dan kacau hingga sebati.
j) Letakkan adunan di atas kerak rata dan masak di bawah ayam daging selama kira-kira 5 minit.
k) Potong hidangan ke dalam kepingan yang dikehendaki dan hidangkan.

68.   Pizza Malam Khamis

Bahan

- 10 oz cecair. air suam
- 3/4 sudu teh garam
- 3 sudu besar minyak sayuran
- 4 C. tepung serba guna
- 2 sudu teh yis kering aktif
- 1 (6 oz.) tin pes tomato
- 3/4 C. air
- 1 (1.25 oz.) pakej campuran perasa taco, dibahagikan
- 1 sudu kecil serbuk cili
- 1/2 sudu kecil lada cayenne
- 1 (16 oz.) tin kacang goreng tanpa lemak
- 1/3 C. salsa
- 1/4 C. bawang besar dicincang
- 1/2 lb daging lembu kisar
- 4 C. keju Cheddar yang dicincang

Arah

a) Dalam mesin roti, masukkan air, garam, minyak, tepung dan yis mengikut susunan yang disyorkan oleh pengilang.
b) Pilih kitaran doh.
c) Periksa doh selepas beberapa minit.
d) Jika terlalu kering dan tidak digaul perlahan-lahan, tambah air 1 sudu besar

pada satu masa, sehingga ia sebati dan mempunyai konsistensi doh yang lentur.

e) Sementara itu, dalam mangkuk kecil, campurkan bersama pes tomato, 3/4 bungkusan campuran perasa taco, lada cayenne, serbuk cili dan air.

f) Dalam mangkuk lain, campurkan bersama salsa, kacang goreng dan bawang.

g) Panaskan kuali besar dan masak daging lembu yang dikisar sehingga perang sepenuhnya.

h) Toskan lebihan gris dari kuali.

i) Masukkan baki 1/4 bungkusan perasa taco dan sedikit air dan reneh selama beberapa minit.

j) Keluarkan semuanya dari api.

k) Tetapkan ketuhar anda kepada 400 darjah F sebelum meneruskan.

l) Selepas kitaran doh selesai, keluarkan doh dari mesin.

m) Bahagikan doh kepada 2 bahagian dan masukkan ke dalam dua loyang 12 inci.

n) Sapukan lapisan campuran kacang ke atas setiap doh, diikuti dengan lapisan campuran pes tomato, campuran daging lembu dan keju cheddar.

o) Masak segala-galanya di dalam ketuhar selama kira-kira 10-15 minit, pusingkan separuh masa membakar.

69. Pizza Sayur Campur

Bahan

- 1 Sudu besar minyak zaitun
- 1 (12 oz.) beg sayur campur
- 1 (10 oz.) kerak piza gandum penuh pra-bakar
- 1 C. sos piza yang disediakan
- 1 oz. hirisan pepperoni
- 1 C. keju mozzarella yang dicincang

Arah

a) Tetapkan ketuhar anda kepada 450 darjah F sebelum melakukan perkara lain.
b) Dalam kuali nonstick yang besar, panaskan minyak pada api sederhana tinggi dan masak sayur campuran selama kira-kira 10 minit, kacau sekali-sekala.
c) Letakkan kerak pizza di atas loyang.
d) Sapukan sos pizza ke atas kerak secara rata dan atas dengan campuran sayuran, pepperoni dan keju mozzarella.
e) Masak semuanya di dalam ketuhar selama kira-kira 10 minit

70. Pizza Hamburger

Bahan

- 8 roti hamburger, belah
- 1 lb daging lembu kisar
- 1/3 C. bawang besar, dicincang
- 1 (15 oz.) tin sos pizza
- 1/3 C. keju Parmesan parut
- 2 1/4 sudu teh perasa Itali
- 1 sudu kecil serbuk bawang putih
- 1/4 sudu kecil serbuk bawang
- 1/8 sudu teh serpihan lada merah ditumbuk
- 1 sudu kecil paprika
- 2 C. keju mozzarella yang dicincang

Arah

a) Tetapkan ketuhar kepada ayam pedaging dan susun rak ketuhar kira-kira 6 inci dari elemen pemanas.
b) Dalam lembaran pembakar, susun bahagian bun, bahagian kerak ke bawah dan masak semuanya di bawah ayam daging selama kira-kira 1 minit.
c) Sekarang, tetapkan ketuhar kepada 350 darjah F.
d) Panaskan kuali besar pada api sederhana dan masak daging lembu selama kira-kira 10 minit.

e) Toskan lebihan gris dari kuali.
f) Masukkan bawang dan goreng semuanya selama kira-kira 5 minit.
g) Masukkan baki kecuali keju mozzarella dan biarkan mendidih.
h) Reneh, kacau sekali-sekala selama 10-15 minit.
i) Susun roti di atas loyang dan atasnya dengan campuran daging lembu dan keju mozzarella secara sekata.
j) Masak semuanya di dalam ketuhar selama kira-kira 10 minit.

71. Krim Pizza

Bahan

- 1 paun sosej kisar
- 2 (12 inci) kerak pizza yang disediakan
- 12 biji telur
- 3/4 C. susu
- garam dan lada sulah secukup rasa
- 1 tin (10.75 oz.) krim pekat sup saderi
- 1 (3 oz.) tin bacon bit
- 1 biji bawang kecil, dikisar
- 1 lada benggala hijau kecil, dicincang
- 4 C. keju Cheddar yang dicincang

Arah

a) Tetapkan ketuhar anda kepada 400 darjah F sebelum melakukan perkara lain.
b) Panaskan kuali besar pada api sederhana tinggi dan masak sosej sehingga perang sepenuhnya.

c) Pindahkan sosej ke atas pinggan beralas tuala kertas untuk toskan kemudian hancurkan.
d) Sementara itu dalam mangkuk, masukkan susu, telur, garam dan lada hitam dan pukul sebati.
e) Dalam kuali sosej yang sama, kacau telur sehingga set sepenuhnya.
f) Susun kerak pizza secara terbalik pada helaian biskut dan masak semuanya di dalam ketuhar selama kira-kira 5-7 minit.
g) Keluarkan kerak dari ketuhar dan putar bahagian bertentangan ke atas.
h) Sapukan kira-kira 1/2 tin krim sup saderi di atas setiap kerak.
i) Letakkan 1/2 adunan telur pada setiap kerak.
j) Letakkan kepingan bacon pada 1 piza dan atas piza yang satu lagi dengan sosej yang telah hancur.
k) Teratas setiap pizza dengan bawang, lada dan 2 C. keju.
l) Masak semuanya dalam ketuhar, selama kira-kira 25-30 minit.

72. Pizza Roma Fontina

Bahan

- 1/4 C. minyak zaitun
- 1 Sudu besar bawang putih kisar
- 1/2 sudu teh garam laut
- 8 biji tomato Roma, dihiris
- 2 (12 inci) kerak piza pra-bakar
- 8 oz. keju Mozzarella yang dicincang
- 4 oz. keju Fontina yang dicincang
- 10 helai daun selasih segar, dihiris
- 1/2 C. keju Parmesan yang baru diparut
- 1/2 C. keju feta hancur

Arah

a) Tetapkan ketuhar anda kepada 400 darjah F sebelum melakukan perkara lain.

b) Dalam mangkuk, campurkan tomato, bawang putih, minyak dan garam dan biarkan selama kira-kira 15 minit.

c) Salutkan setiap kerak pizza dengan sedikit perapan tomato.

d) Hiasi semuanya dengan keju Mozzarella dan Fontina, diikuti dengan tomato, selasih, Parmesan dan keju feta.

e)

73. Pizza Ayam Bayam Berempah

Bahan

- 1 C. air suam
- 1 Sudu besar gula putih
- 1 (.25 oz.) pakej yis kering aktif
- 2 sudu besar minyak sayuran
- 3 C. tepung serba guna
- 1 sudu teh garam
- 6 keping bacon
- 6 Sudu besar mentega
- 2 ulas bawang putih, dikisar
- 1 1/2 C. krim pekat
- 2 biji kuning telur
- 1/2 C. keju Parmesan yang baru diparut
- 1/2 C. keju Romano yang baru diparut
- 1/8 sudu teh buah pala yang dikisar
- 1/2 sudu teh paprika
- 1/4 sudu teh lada cayenne
- 1/4 sudu teh jintan kisar
- 1/4 sudu teh thyme kering hancur
- 1/8 sudu teh garam
- 1/8 sudu teh lada putih kisar
- 1/8 sudu teh serbuk bawang
- 2 bahagian dada ayam tanpa kulit dan tanpa tulang
- 1 sudu besar minyak sayuran
- 1 C. keju mozzarella yang dicincang
- 1/2 C. daun bayam bayi

- 3 Sudu besar keju Parmesan yang baru diparut
- 1 tomato roma, potong dadu

Arah

a) Dalam mangkuk kerja pengadun berdiri besar, dipasang dengan cangkuk doh, tambah air, gula, yis, dan 2 Sudu besar minyak sayuran dan gaul selama beberapa saat pada kelajuan rendah.

b) Hentikan pengadun dan masukkan tepung dan garam dan mulakan lagi pengadun pada kelajuan rendah dan gaul sehingga adunan tepung sebati dengan adunan yis sepenuhnya.

c) Sekarang, putar kelajuan kepada sederhana rendah dan uli doh dalam mesin selama kira-kira 10 hingga 12 minit.

d) Taburkan doh dengan tepung sekali sekala jika melekat di tepi mangkuk.

e) Bentukkan doh menjadi bebola dan masukkan kesemuanya ke dalam mangkuk yang telah digris dan pusingkan doh di dalam mangkuk beberapa kali untuk disalut dengan minyak secara sekata.

f) Dengan tuala, tutup doh dan simpan di tempat yang hangat selama sekurang-kurangnya 30 minit hingga 1 jam.

g) Panaskan kuali besar pada api sederhana tinggi dan masak bacon sehingga perang sepenuhnya.
h) Pindahkan bacon pada pinggan beralas tuala kertas untuk toskan kemudian potong.
i) Dalam kuali besar, cairkan mentega dan pada api sederhana dan tumis bawang putih selama kira-kira 1 minit.
j) Masukkan krim dan kuning telur dan pukul sehingga rata.
k) Kacau kira-kira 1/2 C. keju Parmesan, keju Romano, buah pala dan garam dan biarkan mendidih dengan api perlahan.
l) Reneh, kacau berterusan selama kira-kira 3-5 minit.
m) Keluarkan semuanya dari api dan ketepikan.
n) Tetapkan ketuhar anda kepada 350 darjah F sebelum meneruskan.
o) Dalam mangkuk, campurkan bersama thyme, jintan manis, paprika, lada cayenne, serbuk bawang, 1/8 sudu teh garam dan lada putih.
p) Gosok sebelah dada ayam dengan adunan rempah sekata.
q) Dalam kuali, panaskan 1 Sudu Besar minyak sayuran dengan api besar dan

bakar dada ayam, bahagian berempah, selama kira-kira 1 minit setiap sisi.
r) Pindahkan dada ayam ke atas loyang.
s) Masak semuanya di dalam ketuhar selama kira-kira 5-10 minit, atau sehingga masak sepenuhnya.
t) Keluarkan semuanya dari ketuhar dan potong ke dalam kepingan.
u) Letakkan doh pizza di atas permukaan yang ditaburkan tepung dan tumbuk ke bawah, kemudian dan gulungkan.
v) Letakkan kerak pizza pada lembaran pembakar yang berat.
w) Dengan garpu, cucuk beberapa lubang, dalam kerak dan masak segala-galanya di dalam ketuhar selama kira-kira 5-7 minit.
x) Keluarkan semuanya dari ketuhar dan letakkan sos Alfredo di atas kerak secara rata, diikuti dengan keju mozzarella, hirisan ayam, daun bayam, bacon dan 3 Sudu Besar keju Parmesan.
y) Masak semuanya dalam ketuhar selama kira-kira 15-20 minit.
z) Hidangkan dengan topping tomato Roma yang dicincang.

74.   Pizza untuk Paskah

Bahan

- 1/2 paun sosej Itali pukal
- minyak zaitun
- 1 (1 lb.) roti doh roti beku, dicairkan
- 1/2 lb keju mozzarella dihiris
- 1/2 lb ham masak yang dihiris
- 1/2 lb keju provolone yang dihiris
- 1/2 lb salami dihiris
- 1/2 lb pepperoni dihiris
- 1 (16 oz.) bekas keju ricotta
- 1/2 C. keju Parmesan parut
- 8 biji telur, dipukul
- 1 biji telur
- 1 sudu teh air

Arah

a) Panaskan kuali besar pada api sederhana dan masak sosej selama kira-kira 5-8 minit.
b) Toskan lebihan gris dari kuali dan pindahkan sosej ke dalam mangkuk.
c) Tetapkan ketuhar anda kepada 350 darjah F dan griskan kuali buih spring 10 inci dengan minyak zaitun.
d) Potong 1/3 doh dari roti dan ketepikan di bawah kain.

e) Bentukkan baki 2/3 adunan menjadi bebola dan letakkan di atas permukaan yang telah ditaburi tepung, kemudian gulung menjadi bulatan 14 inci.
f) Letakkan doh ke dalam kuali bentuk spring yang disediakan, biarkan doh tergantung di tepi sebanyak 2 inci di sekeliling.
g) Pada kerak, letakkan separuh daripada sosej yang telah dimasak, diikuti dengan separuh daripada keju mozzarella, separuh daripada ham, separuh daripada keju provolone, separuh daripada salami, dan separuh daripada pepperoni.
h) Hiaskan segalanya dengan keju ricotta, diikuti dengan separuh daripada keju Parmesan di atas ricotta, separuh daripada telur yang dipukul.
i) Ulang semua lapisan sekali.
j) Canaikan sekeping doh roti yang tinggal ke bulatan 12 inci.
k) Letakkan kepingan di atas pai pizza untuk membentuk kerak atas dan gulung, kemudian picit kerak bawah yang tergantung di atas kerak atas untuk menutup inti.
l) Dalam mangkuk kecil, pukul 1 biji telur dengan air dan salutkan bahagian atas pai dengan cucian telur.

m) Masak semuanya di dalam ketuhar selama kira-kira 50-60 minit atau sehingga pencungkil gigi yang dimasukkan ke dalam bahagian tengah kerak keluar bersih.

75. Pizza Super Mangkuk

Bahan

- 3 biji kentang, digosok
- 6 keping bacon
- 1 (6.5 oz.) bungkusan campuran kerak pizza
- 1/2 C. air
- 1/4 C. minyak zaitun
- 1 Sudu besar mentega, cair
- 1/4 sudu teh serbuk bawang putih
- 1/4 sudu teh perasa Itali kering
- 1/2 C. krim masam
- 1/2 C. Pembalut ladang
- 3 bawang hijau, dicincang
- 1 1/2 C. keju mozzarella dicincang
- 1/2 C. keju Cheddar yang dicincang

Arah

a) Tetapkan ketuhar anda kepada 450 darjah F sebelum melakukan perkara lain.
b) Dengan garpu, cucuk kentang beberapa kali dan susunkannya di atas loyang.
c) Masak semuanya dalam ketuhar selama kira-kira 50-60 minit.
d) Keluarkan semuanya dari ketuhar dan sejukkan, kemudian kupasnya.

e) Panaskan kuali besar pada api sederhana tinggi dan masak bacon selama kira-kira 10 minit.
f) Pindahkan bacon pada pinggan beralas tuala kertas untuk toskan kemudian hancurkannya.
g) Sekarang, tetapkan ketuhar kepada 400 darjah F dan griskan sedikit kuali pizza.
h) Dalam mangkuk besar, masukkan campuran kerak pizza, minyak dan air dan dengan adunan garpu sehingga sebati.
i) Letakkan doh di atas permukaan yang ditaburi sedikit tepung dan uli selama kira-kira 8 minit.
j) Ketepikan lebih kurang 5 minit.
k) Bentukkan doh menjadi bulatan leper dan susun dalam periuk pizza yang telah disediakan, biarkan doh tergantung di tepi sedikit.
l) Masak semuanya dalam ketuhar selama kira-kira 5-6 minit.
m) Dalam mangkuk besar, campurkan kentang, mentega, serbuk bawang putih dan perasa Itali.
n) Dalam mangkuk kecil, campurkan bersama krim masam dan sos ladang.
o) Letakkan campuran krim masam di atas kerak secara rata dan atas dengan campuran kentang, diikuti dengan bacon,

bawang, keju mozzarella dan keju Cheddar.
p) Masak semuanya dalam ketuhar selama kira-kira 15-20 minit.

76.   Pizza Roti Leper

Bahan

- 1 Sudu besar minyak zaitun
- 6 cendawan crimini, dihiris
- 3 ulas bawang putih, cincang
- 1 secubit garam dan lada hitam yang dikisar
- 1 Sudu besar minyak zaitun
- 8 batang asparagus segar, dipotong dan dipotong menjadi kepingan 2 inci
- 1/2 lb. bakon salai Applewood, potong 2 inci
- 1 (12 inci) kerak piza roti rata yang disediakan
- 3/4 C. sos marinara yang disediakan
- 1/2 C. keju mozzarella dicincang
- 1/2 C. keju Asiago yang dicincang

Arah

a) Tetapkan ketuhar anda kepada 400 darjah F sebelum melakukan apa-apa lagi dan alaskan loyang dengan kerajang.
b) Dalam kuali besar, panaskan 1 sudu besar minyak pada api sederhana dan tumis cendawan, bawang putih, garam dan lada hitam selama kira-kira 10 minit.

c) Keluarkan semuanya dari api dan ketepikan.
d) Dalam kuali besar lain, panaskan 1 Sudu Besar minyak pada api sederhana tinggi dan masak asparagus selama kira-kira 8 minit, kacau sekali-sekala.
e) Pindahkan asparagus ke dalam mangkuk.
f) Kecilkan api kepada sederhana, dan dalam kuali yang sama, masak bacon selama kira-kira 10 minit.
g) Pindahkan bacon ke atas pinggan beralas tuala kertas untuk mengalirkan air.
h) Susun kerak roti rata di atas loyang yang disediakan.
i) Letakkan sos marinara di atas kerak secara rata, diikuti dengan campuran cendawan, asparagus, bacon, keju mozzarella dan keju Asiago.
j) Masak semuanya di dalam ketuhar selama kira-kira 12-15 minit.

77.   Pizza Awal Pagi

Bahan

- 1 lb. sosej daging babi yang dikisar
- 1 (8 oz.) bungkusan doh gulung bulan sabit yang disejukkan, atau mengikut keperluan
- 8 oz. keju Cheddar ringan, dicincang
- 6 biji telur
- 1/2 C. susu
- 1/2 sudu teh garam
- lada hitam kisar secukup rasa

Arah

a) Tetapkan ketuhar anda kepada 425 darjah F sebelum melakukan perkara lain.
b) Panaskan kuali besar dengan api sederhana dan masak daging lembu sehingga perang sepenuhnya.
c) Toskan lebihan gris dari kuali.
d) Letakkan doh gulungan bulan sabit di atas loyang bersaiz 13x9 inci yang telah digris.
e) Letakkan sosej dan keju cheddar di atas doh gulungan bulan sabit dengan rata.

f) Dengan bungkus plastik, tutup loyang dan sejukkan selama kira-kira 8 jam hingga semalaman.
g) Tetapkan ketuhar anda kepada 350 darjah F.
h) Dalam mangkuk, masukkan telur, susu, garam, dan lada hitam dan pukul sebati.
i) Letakkan adunan telur di atas sosej dan keju dalam loyang dengan rata.
j) Dengan sedikit kerajang, tutup loyang dan masak semuanya di dalam ketuhar selama kira-kira 20 minit.
k) Sekarang, tetapkan ketuhar kepada 325 darjah F sebelum meneruskan.
l) Buka tutup loyang dan masak semuanya di dalam ketuhar selama kira-kira 15-25 minit.

78. Piza Jalan Belakang

Bahan

- 1 lb daging lembu kisar
- 1 tin (10.75 oz.) krim pekat sup cendawan, tidak dicairkan
- 1 (12 inci) kerak pizza nipis pra-bakar
- 1 (8 oz.) bungkusan keju Cheddar yang dicincang

Arah

a) Tetapkan ketuhar anda kepada 425 darjah F sebelum melakukan perkara lain.
b) Panaskan kuali besar dengan api sederhana dan masak daging lembu sehingga perang sepenuhnya.
c) Toskan lebihan gris dari kuali.
d) Letakkan krim sup cendawan di atas kerak pizza secara rata dan atasnya dengan daging lembu yang telah dimasak, diikuti dengan keju.
e) Masak semuanya di dalam ketuhar selama kira-kira 15 minit.

79.   Pizza Mesra Kanak-Kanak

Bahan

- 1 lb daging lembu kisar
- 1 paun sosej babi segar yang dikisar
- 1 bawang, dicincang
- 10 oz. keju Amerika yang diproses, dipotong dadu
- 32 oz. roti rai koktel

Arah

a) Tetapkan ketuhar anda kepada 350 darjah F sebelum melakukan perkara lain.
b) Panaskan kuali besar dan masak sosej dan daging lembu sehingga perang sepenuhnya.
c) Masukkan bawang dan masak sehingga layu dan toskan lebihan gris dari kuali.
d) Masukkan makanan keju yang diproses dan masak sehingga keju cair.
e) Pada helaian biskut, letakkan hirisan roti dan atas setiap kepingan dengan satu sudu campuran daging lembu.
f) Masak semuanya di dalam ketuhar selama kira-kira 12-15 minit.

80.   Pizza Gaya Pennsylvania

Bahan

- 1 (1 lb.) roti beku doh roti gandum penuh, dicairkan
- 1/2 C. thousand island dressing
- 2 C. keju Swiss yang dicincang
- 6 oz. deli dihiris daging kornet, dipotong menjadi jalur
- 1 C. sauerkraut - dibilas dan toskan
- 1/2 sudu teh biji jintan
- 1/4 C. jeruk dill cincang (pilihan)

Arah

a) Tetapkan ketuhar anda kepada 375 darjah F sebelum melakukan apa-apa lagi dan griskan kuali pizza.
b) Di atas permukaan yang ditaburi sedikit tepung, canai doh roti menjadi bulatan besar kira-kira 14 inci.
c) Letakkan doh pada kuali pizza yang disediakan dan picit tepinya.
d) Masak semuanya dalam ketuhar selama kira-kira 20-25 minit.
e) Keluarkan segala-galanya dari ketuhar dan atas dengan separuh daripada salad dressing sama rata, diikuti dengan separuh daripada keju Swiss, daging

kornet, baki salad dressing, sauerkraut dan baki keju Swiss.
f) Teratas dengan biji jintan sama rata.
g) Masak semuanya di dalam ketuhar selama kira-kira 10 minit.
h) Keluarkan segala-galanya dari ketuhar dan atas dengan jeruk cincang.

81. Piza Buttermilk

Bahan

- 1 lb daging lembu kisar
- 1/4 lb sosej pepperoni dihiris
- 1 (14 oz.) tin sos pizza
- 2 (12 oz.) bungkusan doh biskut buttermilk yang disejukkan
- 1/2 biji bawang besar, dihiris dan dipisahkan menjadi cincin
- 1 (10 oz.) tin buah zaitun hitam yang dihiris
- 1 (4.5 oz.) tin cendawan dihiris
- 1 1/2 C. keju mozzarella dicincang
- 1 C. keju Cheddar yang dicincang

Arah

a) Tetapkan ketuhar anda kepada 400 darjah F sebelum melakukan perkara lain dan griskan hidangan pembakar 13x9 inci.
b) Panaskan kuali besar pada api sederhana tinggi dan masak daging lembu sehingga perang sepenuhnya.
c) Masukkan pepperoni dan masak sehingga perang dan toskan lebihan gris dari kuali.
d) Masukkan sos pizza dan keluarkan semuanya dari api.

e) Potong setiap biskut kepada empat bahagian, dan susun ke dalam loyang yang telah disediakan.
f) Letakkan campuran daging lembu di atas biskut secara rata dan letakkan di atasnya dengan bawang, zaitun dan cendawan.
g) Masak semuanya dalam ketuhar selama kira-kira 20-25 minit.

82.   Pizza Worcestershire

Bahan

- 1/2 lb daging lembu kisar tanpa lemak
- 1/2 C. pepperoni potong dadu
- 1 1/4 C. sos piza
- 1 C. keju feta hancur
- 1/2 sudu teh sos Worcestershire
- 1/2 sudu kecil sos lada panas
- garam dan lada hitam tanah secukup rasa
- semburan masakan
- 1 (10 oz.) tin doh biskut yang disejukkan
- 1 biji kuning telur
- 1 C. keju mozzarella yang dicincang

Arah

a) Tetapkan ketuhar anda kepada 375 darjah F sebelum melakukan apa-apa lagi dan griskan helaian kuki.
b) Panaskan kuali besar pada api sederhana tinggi dan masak daging lembu sehingga perang sepenuhnya.
c) Toskan lebihan gris dari kuali dan kecilkan api kepada sederhana.
d) Masukkan sos pizza, pepperoni, feta, sos lada panas, sos Worcestershire, garam dan lada sulah dan tumis selama kira-kira 1 minit.

e) Asingkan biskut dan susun pada helaian biskut yang disediakan kira-kira 3 inci jaraknya.
f) Dengan bahagian bawah gelas, tekan setiap biskut untuk membentuk biskut bulat 4 inci dengan rim 1/2 inci di sekeliling tepi luar.
g) Dalam mangkuk kecil, masukkan kuning telur dan 1/4 sudu teh air dan pukul sebati.
h) Letakkan kira-kira 1/4 C. campuran daging lembu dalam setiap cawan biskut dan atas dengan keju mozzarella.
i) Masak semuanya dalam ketuhar selama kira-kira 15-20 minit.

83. Pizza Daging Lembu BBQ

Bahan

- 1 (12 oz.) pakej Sosej Daging, dipotong menjadi kepingan 1/4 inci.
- 2 (14 oz.) pakej kerak piza Itali bersaiz 12 inci
- 2/3 C. sos barbeku yang disediakan
- 1 C. bawang merah dihiris nipis
- 1 lada benggala hijau, dibiji, dipotong menjadi jalur nipis
- 2 C. keju mozzarella yang dicincang

Arah

a) Tetapkan ketuhar anda kepada 425 darjah F sebelum melakukan perkara lain.

b) Susun kerak pizza pada 2 helai pembakar.

c) Sapukan sos barbeku pada setiap kerak secara rata, diikuti dengan sosej, bawang merah, lada dan keju mozzarella.

d) Masak semuanya di dalam ketuhar selama kira-kira 20 minit.

84. Pizza Rigatoni

Bahan

- 1 1/2 lb daging lembu kisar
- 1 (8 oz.) bungkusan pasta rigatoni
- 1 (16 oz.) bungkusan keju mozzarella yang dicincang
- 1 tin (10.75 oz.) krim pekat sup tomato
- 2 (14 oz.) balang sos pizza
- 1 (8 oz.) bungkusan sosej pepperoni yang dihiris

Arah

a) Dalam kuali besar air mendidih masin ringan, masak pasta selama kira-kira 8-10 minit.
b) Toskan dengan baik dan ketepikan.
c) Sementara itu, panaskan kuali besar pada api sederhana tinggi dan masak daging lembu sehingga perang sepenuhnya.
d) Toskan lebihan gris dari kuali.
e) Dalam periuk perlahan letakkan daging lembu, diikuti dengan pasta, keju, sup, sos dan sosej pepperoni.
f) Tetapkan periuk perlahan pada Rendah dan masak, bertutup selama kira-kira 4 jam.

85. Pizza Gaya Mexico

Bahan

- 1 lb daging lembu kisar
- 1 bawang, dicincang
- 2 tomato sederhana, dicincang
- 1/2 sudu teh garam dan 1/4 sudu teh lada
- 2 sudu kecil serbuk cili dan 1 Sudu besar jintan halus
- 1 (30 oz.) tin kacang goreng
- 14 (12 inci) tepung tortilla
- 2 C. krim masam
- 1 1/4 lb keju Colby yang dicincang
- 1 1/2 lb keju Monterey Jack yang dicincang
- 2 biji lada benggala merah, buang biji dan hiris nipis
- 4 biji lada benggala hijau, dibiji dan dihiris nipis
- 1 (7 oz.) boleh cili hijau dipotong dadu, toskan dan 3 biji tomato, dicincang
- 1 1/2 C. daging ayam masak yang dicincang
- 1/4 C. mentega, cair
- 1 (16 oz.) sos picante balang

Arah

a) Tetapkan ketuhar anda kepada 350 darjah F sebelum melakukan apa-apa lagi dan griskan kuali jeli 15x10 inci.
b) Panaskan kuali besar dengan api sederhana dan masak daging lembu sehingga perang sepenuhnya.
c) Toskan lebihan gris dari kuali.
d) Masukkan bawang besar dan 2 biji tomato dan masak sehingga layu.
e) Masukkan kacang yang telah digoreng, serbuk cili, jintan manis, garam dan lada sulah dan masak sehingga betul-betul panas.
f) Susun 6 tortilla ke atas kuali yang disediakan dengan tepinya melepasi bahagian tepi kuali.
g) Ratakan adunan kacang ke atas tortilla, diikuti separuh krim masam, 1/3 keju Colby, 1/3 keju Monterey Jack, 1 Sudu besar cili hijau, 1/3 jalur lada hijau, dan 1/3 daripada jalur lada merah dan 1/3 daripada tomato yang dicincang.
h) Letakkan 4 tortilla di atas topping, dan atas dengan baki krim masam, diikuti dengan ayam yang dicincang, 1/3

daripada kedua-dua keju, lada benggala merah dan hijau, cili, dan tomato.

i) Sekarang, letakkan 4 tortilla, diikuti dengan baki keju, lada, tomato, cili, dan berakhir dengan beberapa keju yang dicincang di bahagian atas.

j) Lipat tepi yang tergantung ke dalam, dan kencangkan dengan pencungkil gigi.

k) Sapu permukaan tortilla dengan mentega cair.

l) Masak semuanya di dalam ketuhar selama kira-kira 35-45 minit.

m) Tanggalkan pencungkil gigi dan ketepikan sekurang-kurangnya 5 minit sebelum dihiris.

n) Hidangkan dengan topping sos picante.

86.   Piza Mediterranean

Bahan

- 2 biji tomato, dibiji dan dicincang kasar
- 1 sudu teh garam
- 8 oz. keju mozzarella yang dicincang
- 1 biji bawang merah, dihiris kasar
- 1/4 C. basil segar yang dicincang
- 1/2 sudu kecil lada hitam yang dikisar
- 2 sudu besar minyak zaitun
- 3 lada jalapeno segar, dicincang
- 1/2 C. hirisan buah zaitun hitam
- 1/2 C. hirisan cendawan segar
- 1/2 C. sos piza
- 2 (12 inci) kerak piza pra-bakar
- 8 oz. keju mozzarella yang dicincang
- 1/4 C. keju Parmesan parut

Arah

a) Tetapkan ketuhar anda kepada 450 darjah F.
b) Dalam penapis mesh, masukkan tomato dan taburkan garam dengan rata.
c) Simpan semuanya di dalam sinki selama kira-kira 15 minit untuk mengalir.
d) Dalam mangkuk besar, campurkan bersama 8 oz. daripada mozzarella, tomato kering, cendawan, buah zaitun,

bawang, lada jalapeno, selasih dan minyak.

e) Letakkan sos tomato di atas kedua-dua kerak secara sama rata dan atas dengan campuran tomato, diikuti dengan baki mozzarella dan keju Parmesan.

f) Masak semuanya dalam ketuhar selama kira-kira 8-10 minit.

87. Semua Pizza Lada dan Bawang

Bahan

- 8 oz. sosej daging babi yang dikisar
- 5 biji telur, dipukul perlahan
- 1 (12 inci) kerak pizza yang disediakan
- 1 C. keju ricotta
- 1/4 C. bawang merah dihiris
- 1/4 C. tomato segar dicincang
- 1/4 C. lada benggala merah dicincang
- 1/4 C. lada benggala hijau dicincang
- 8 oz. keju mozzarella yang dicincang

Arah

a) Tetapkan ketuhar anda kepada 375 darjah F sebelum melakukan perkara lain.
b) Panaskan kuali besar pada api sederhana tinggi dan masak sosej sehingga perang sepenuhnya.
c) Toskan lebihan gris dari kuali dan masukkan telur, kemudian masak sehingga telur betul-betul siap.
d) Susun kerak piza di atas kuali piza dan atasnya dengan keju ricotta, meninggalkan tepi luar.
e) Letakkan campuran sosej di atas keju ricotta, diikuti dengan bawang, tomato, lada merah dan lada hijau dan mozzarella.

f) Masak semuanya di dalam ketuhar selama kira-kira 15 minit.

88. SUKA Pizza

Bahan

- 3 C. tepung roti
- 1 (.25 oz.) sampul surat yis kering aktif
- 1 1/4 C. air suam
- 3 Sudu besar minyak zaitun dara tambahan, dibahagikan
- 3 Sudu besar rosemary segar yang dicincang
- 1 (14 oz.) tin sos pizza
- 3 C. keju mozzarella yang dicincang
- 2 biji tomato masak, dihiris
- 1 zucchini, dihiris
- 15 keping pepperoni vegetarian
- 1 (2.25 oz.) tin buah zaitun hitam yang dihiris

Arah

a) Dalam mesin roti, masukkan tepung, yis, air, dan 2 Sudu Besar minyak zaitun mengikut susunan yang disyorkan oleh pengilang.
b) Pilih tetapan Dough dan tekan Start.
c) Apabila kitaran selesai, uli rosemary ke dalam doh.
d) Tetapkan ketuhar anda kepada 400 darjah F.

e) Bahagikan doh kepada tiga bahagian yang sama besar.
f) Bentuk setiap bahagian doh menjadi bentuk hati kira-kira 1/2 inci tebal dan salutkan setiap bahagian dengan baki minyak zaitun.
g) Sapukan lapisan nipis sos pizza ke atas setiap pizza secara merata dan atasnya dengan keju, diikuti dengan tomato, zucchini, pepperoni dan buah zaitun.
h) Masak semuanya dalam ketuhar selama kira-kira 15-20 minit.

89. Pizza Tauhu Kentang

Bahan

- 4 biji kentang, dicincang
- 1 bawang sederhana, parut
- 2 biji telur, dipukul
- 1/4 C. tepung serba guna
- 2 sudu besar minyak zaitun
- 1 zucchini, dihiris nipis
- 1 labu kuning, dihiris nipis
- 1 lada benggala hijau, dicincang
- 1 biji bawang besar, dihiris nipis
- 2 ulas bawang putih, dikisar
- 6 oz. tauhu pejal, hancur
- 2 biji tomato, dihiris
- 2 Sudu besar basil segar yang dicincang
- 1/2 C. sos tomato
- 1 C. keju mozzarella tanpa lemak dicincang

Arah

a) Tetapkan ketuhar anda kepada 425 darjah F sebelum melakukan apa-apa lagi dan griskan hidangan pembakar 12 inci.
b) Dalam mangkuk besar, campurkan bersama bawang parut, kentang, tepung dan telur dan masukkan adunan ke dalam loyang yang disediakan dengan menekan perlahan-lahan.

c) Masak semuanya di dalam ketuhar selama kira-kira 15 minit.
d) Salutkan bahagian atas kerak kentang dengan minyak dan masak semuanya di dalam ketuhar selama kira-kira 10 minit.
e) Sekarang, letakkan kerak di bawah ayam pedaging dan masak selama kira-kira 3 minit.
f) Keluarkan kerak dari ketuhar.
g) Sekali lagi tetapkan ketuhar kepada 425 darjah F sebelum meneruskan.
h) Dalam mangkuk besar, campurkan bersama tauhu, lada hijau, labu kuning, zucchini, hirisan bawang merah dan bawang putih.
i) Panaskan kuali nonstick yang besar dan tumis adunan tauhu sehingga sayur-sayuran menjadi lembut.
j) Dalam mangkuk kecil, campurkan bersama basil dan sos tomato.
k) Letakkan separuh daripada sos tomato di atas kerak secara rata dan atas dengan sayur-sayuran yang telah dimasak dan hirisan tomato.
l) Ratakan baki sos di atasnya dan taburkan dengan keju.
m) Masak semuanya di dalam ketuhar selama kira-kira 7 minit.

90. Piza Yunani

Bahan

- 1 Sudu besar minyak zaitun
- 1/2 C. bawang besar dipotong dadu
- 2 ulas bawang putih, dikisar
- 1/2 (10 oz.) bungkusan bayam cincang beku, dicairkan dan diperah kering
- 1/4 C. basil segar yang dicincang
- 2 1/4 sudu teh jus lemon
- 1 1/2 sudu teh oregano kering
- lada hitam kisar secukup rasa
- 1 (14 oz.) bungkusan kerak piza yang disejukkan
- 1 Sudu besar minyak zaitun
- 1 C. keju mozzarella yang dicincang
- 1 biji tomato besar, dihiris nipis
- 1/3 C. serbuk roti berperisa
- 1 C. keju mozzarella yang dicincang
- 3/4 C. keju feta hancur

Arah

a) Tetapkan ketuhar anda kepada 400 darjah F sebelum melakukan perkara lain.

b) Dalam kuali besar, panaskan 1 sudu besar minyak dan tumis bawang merah dan bawang putih selama kira-kira 5 minit.

c) Masukkan bayam dan masak selama kira-kira 5-7 minit.
d) Keluarkan segala-galanya dari api dan segera, kacau dalam oregano, basil, jus lemon dan lada dan biarkan ia sejuk sedikit.
e) Buka doh pizza pada lembaran pembakar yang besar dan salutkan semuanya dengan baki 1 sudu besar minyak zaitun.
f) Letakkan campuran bayam di atas doh, meninggalkan sempadan kecil di tepi.
g) Letakkan 1 C. keju mozzarella di atas bayam.
h) Dalam mangkuk, campurkan serbuk roti dan hirisan tomato sehingga bersalut sepenuhnya.
i) Letakkan hirisan tomato di atas keju mozzarella, diikuti dengan baki 1 C. keju mozzarella dan keju feta.
j) Masak semuanya di dalam ketuhar selama kira-kira 15 minit.

91. Salad Pizza

Bahan

kerak

- 1 3/4 C. tepung serba guna
- 1 sampul Pizza Crust Yis
- 1 1/2 sudu teh gula
- 3/4 sudu teh garam
- 2/3 C. air yang sangat suam
- 3 Sudu besar minyak zaitun dara tambahan

Topping

- 1 Sudu besar minyak zaitun extra virgin
- 1/4 sudu teh Serbuk Bawang Putih
- 2 C. keju mozzarella yang dicincang
- 1/4 C. bawang besar dicincang
- 1/4 C. lobak merah dicincang atau dihiris nipis
- 4 C. daun salad romaine yang dicincang
- 1 C. tomato segar yang dicincang
- 1/4 C. sos salad Itali yang disediakan
- 1/4 C. keju Parmesan yang dicincang

Arah

a) Tetapkan ketuhar anda kepada 425 darjah F sebelum melakukan apa-apa lagi

dan susun rak di bahagian ketiga bahagian bawah ketuhar.
b) Minyakkan loyang pizza.
c) Untuk kerak dalam mangkuk besar, masukkan tepung, gula, yis, minyak dan air suam dan gaul sehingga sebati.
d) Perlahan-lahan masukkan baki tepung dan gaul sehingga menjadi doh yang sedikit likat.
e) Letakkan doh di atas permukaan tepung dan uli sehingga doh menjadi kenyal
f) Letakkan doh pada kuali pizza yang disediakan dan tekan.
g) Dengan jari anda, cubit tepi untuk membentuk rim.
h) Salutkan kerak dengan 1 sudu besar minyak dan taburkan serbuk bawang putih.
i) Dalam mangkuk, campurkan lobak merah, bawang besar dan keju mozzarella.
j) Teratas kerak dengan campuran lobak merah secara rata dan masak segala-galanya di dalam ketuhar selama kira-kira 15-18 minit.
k) Sementara itu dalam mangkuk, campurkan selebihnya.
l) Keluarkan segala-galanya dari ketuhar dan biarkan ia sejuk selama kira-kira 2-3 minit.

m) Teratas piza dengan campuran keju Parmesan dan hidangkan segera.

92. Pizza Pencuci Mulut

Bahan

- 1 1/2 C. tepung serba guna
- 2 sudu teh baking soda
- 1 sudu teh garam
- 2 1/3 C. oat gulung
- 1 C. mentega
- 1 1/2 C. gula perang yang dibungkus
- 2 biji telur
- 1/2 sudu teh ekstrak vanila
- 1 1/2 C. kelapa parut
- 2 C. cip coklat separa manis
- 1/2 C. walnut cincang
- 1 C. kepingan coklat bersalut gula-gula
- 1 C. kacang tanah

Arah

a) Tetapkan ketuhar anda kepada 350 darjah F sebelum melakukan perkara lain dan griskan 2 (10 inci) kuali piza.
b) Dalam mangkuk besar, campurkan tepung, soda penaik dan garam.
c) Dalam bekas lain, masukkan mentega, telur, gula perang dan vanila dan pukul sehingga rata.

d) Masukkan bancuhan tepung ke dalam adunan mentega dan gaul semuanya sehingga sebati.
e) Masukkan kacang dan 1/2 C. kelapa.
f) Bahagikan doh kepada 2 bahagian dan letakkan setiap bahagian dalam kuali pizza yang disediakan, tekan semuanya ke dalam bulatan 10 inci.
g) Masak semuanya di dalam ketuhar selama kira-kira 10 minit.
h) Keluarkan segala-galanya dari ketuhar dan letakkan semuanya dengan baki kelapa, cip coklat, gula-gula dan kacang tanah.
i) Masak semuanya dalam ketuhar selama kira-kira 5-10 minit.

93.   Piza Mini Berkelah

Bahan

- 1/2 paun sosej Itali yang dikisar
- 1/2 sudu teh garam bawang putih
- 1/4 sudu teh oregano kering
- 1 C. nanas hancur, toskan
- 4 keping muffin Inggeris, belah
- 1 (6 oz.) tin pes tomato
- 1 (8 oz.) bungkusan keju mozzarella yang dicincang

Arah

a) Tetapkan ketuhar anda kepada 350 darjah F sebelum melakukan apa-apa lagi dan perlahan-lahan, griskan loyang.
b) Panaskan kuali besar pada api sederhana tinggi dan masak sosej Itali sehingga perang sepenuhnya.
c) Toskan lebihan gris dan pindahkan sosej ke dalam mangkuk.
d) Masukkan nenas, bawang putih, oregano dan garam dan gaul rata.
e) Letakkan bahagian muffin Inggeris pada lembaran pembakar yang disediakan dalam satu lapisan.

f) Sapukan sos tomato ke atas bahagian muffin dan atas dengan campuran sosej dan keju mozzarella.

g) Masak semuanya di dalam ketuhar selama kira-kira 10-15 minit.

94. Pizza Walnut Tropika

Bahan

- 1 kerak pizza siap sedia
- 1 Sudu besar minyak zaitun
- 1 (13.5 oz.) bekas krim keju berperisa buah
- 1 (26 oz.) hirisan mangga balang, toskan dan cincang
- 1/2 C. walnut cincang

Arah

a) Masak kerak pizza di dalam ketuhar mengikut pakej.
b) Sapukan kerak dengan minyak secara rata.
c) Sapukan krim keju ke atas kerak dan atas dengan mangga dan kacang cincang.
d) Potong kepingan yang dikehendaki dan hidangkan.

95. Pizza Ayam Cranberry

Bahan

- 2 bahagian dada ayam tanpa kulit dan tanpa tulang, potong seukuran gigitan
- 1 sudu besar minyak sayuran
- 1 (12 inci) kerak pizza yang disediakan
- 1 1/2 C. sos kranberi
- 6 oz. Keju Brie, dicincang
- 8 oz. keju mozzarella yang dicincang

Arah

a) Tetapkan ketuhar anda kepada 350 darjah F
b) Dalam kuali, panaskan minyak dan goreng ayam hingga masak sepenuhnya.
c) Sapukan sos kranberi di atas kerak pizza yang disediakan dan atasnya dengan ayam, diikuti dengan brie dan mozzarella.
d) Masak semuanya di dalam ketuhar selama kira-kira 20 minit.

96. Pizza Manis dan Masin

Bahan

- 1 C. air suam
- 1 (.25 oz.) sampul surat yis kering aktif
- 3 C. tepung serba guna
- 1 sudu teh minyak sayuran
- 1 sudu teh garam
- 8 buah ara kering
- 1 biji bawang merah sederhana, dihiris nipis
- 1 Sudu besar minyak zaitun
- 1 secubit garam
- 1 sudu teh thyme kering
- 1 sudu teh biji adas
- 4 oz. keju kambing
- 1 sudu besar minyak zaitun, atau mengikut keperluan

Arah

a) Dalam mangkuk besar, masukkan air dan taburkan yis di atasnya.
b) Simpan semuanya selama beberapa minit atau sehingga ia larut sepenuhnya.
c) Masukkan tepung, garam dan minyak dan gaul sehingga menjadi doh yang keras.
d) Letakkan doh di atas permukaan tepung dan uli selama kira-kira 5 minit.

e) Pindahkan doh ke dalam mangkuk yang telah digris dan tutup dengan tuala dapur.
f) Ketepikan semuanya selama kira-kira 45 minit.
g) Dalam semangkuk air mendidih, masukkan buah tin dan ketepikan selama kira-kira 10 minit.
h) Toskan buah tin kemudian potong.
i) Sementara itu dalam kuali, panaskan 1 Sudu Besar minyak pada api sederhana dan tumis bawang sehingga lembut.
j) Kecilkan api, dan perasakan dengan garam.
k) Tumis selama lebih kurang 5-10 minit lagi.
l) Kacau dalam buah ara, thyme dan biji adas dan keluarkan semuanya dari api.
m) Tetapkan ketuhar anda kepada 450 darjah F dan griskan sedikit kuali pizza.
n) Tebuk doh pizza, dan ratakan ke dalam bulatan tebal 1/4 inci.
o) Letakkan doh ke atas kuali pizza yang disediakan dan sapu permukaannya dengan sedikit minyak zaitun yang tinggal.
p) Sapukan bancuhan ara ke atas kerak secara merata dan letakkan semuanya dengan keju kambing dalam bentuk titik.

q) Masak semuanya dalam ketuhar selama kira-kira 15-18 minit.

97. Pizza Dijon Musim Luruh

Bahan

- 1 kerak pizza yang telah dibakar
- 2 ulas bawang putih, dikisar
- 1 Sudu Besar Dijon mustard
- 2 tangkai rosemary segar, dicincang
- 1/4 C. cuka wain putih
- 1/2 C. minyak zaitun
- 1/4 C. keju biru hancur
- garam dan lada sulah secukup rasa
- 1/4 C. keju biru hancur
- 1/3 C. keju mozzarella dicincang
- 2 biji pir - dikupas, dibuang inti dan dihiris
- 1/4 C. kepingan walnut panggang

Arah

a) Tetapkan ketuhar anda kepada 425 darjah F sebelum melakukan perkara lain
b) Dalam kuali pizza, letakkan kerak pizza.
c) Masak semuanya dalam ketuhar selama kira-kira 5 minit.
d) Keluarkan segala-galanya dari ketuhar dan simpan di tepi untuk menyejukkan sepenuhnya.
e) Dalam pemproses makanan, masukkan bawang putih, rosemary Dijon mustard dan cuka dan nadi sehingga digabungkan.

f) Semasa motor berjalan, perlahan-lahan, masukkan minyak dan nadi sehingga licin.
g) Masukkan kira-kira 1/4 C. keju biru, garam dan lada sulah dan nadi sehingga sebati.
h) Sapukan vinaigrette di atas kerak pizza secara rata dan taburkan dengan baki keju biru kemudian keju mozzarella.
i) Teratas segala-galanya dengan hirisan pir kemudian walnut panggang.
j) Masak semuanya dalam ketuhar selama kira-kira 7-10 minit.

98. Pizza Mentega Gorgonzola

Bahan

- 1/8 C. mentega
- 2 biji bawang besar Vidalia, dihiris nipis
- 2 sudu teh gula
- 1 (10 oz.) bungkusan doh piza yang disejukkan
- 1 paun keju Gorgonzola, hancur

Arah

a) Dalam kuali besar, cairkan mentega pada api sederhana dan tumis bawang selama kira-kira 25 minit.
b) Masukkan gula dan masak, kacau berterusan selama kira-kira 1-2 minit.
c) Tetapkan ketuhar anda kepada 425 darjah F dan griskan kuali pizza.
d) Letakkan doh ke atas loyang pizza yang telah disediakan dan tekan pada ketebalan yang dikehendaki.
e) Letakkan bawang di atas kerak sama rata, diikuti oleh Gorgonzola.
f) Masak semuanya di dalam ketuhar selama kira-kira 10-12 minit.

99. Piza Anggur Arugula

Bahan

- 16 oz. doh pizza yang telah dibuat sebelumnya
- 1/2 C. Sos Pasta
- 1/2 C. mozarella susu utuh dicincang
- 1/2 C. keju provolone yang dicincang
- 1/4 C. keju kambing, hancur
- 1/4 C. kacang pain
- 10 biji anggur merah, dibelah dua
- 1/4 C. arugula, dicincang halus
- 1 sudu besar daun rosemary kering
- 1 Sudu besar oregano kering
- 1/2 sudu teh ketumbar kering

Arah

a) Tetapkan ketuhar anda kepada 475 darjah F sebelum melakukan apa-apa lagi dan griskan loyang.
b) Susun bebola doh pizza ke atas loyang yang telah disediakan dan ratakan bahagian tengah doh dengan nipis.
c) Kerak harus berdiameter 12-14 inci.
d) Dalam mangkuk, campurkan sos pasta, arugula, ketumbar dan oregano.
e) Sapukan adunan sos ke atas doh secara rata.

f) Letakkan keju mozzarella dan provolone di atas sos secara sekata.
g) Hiaskan semuanya dengan anggur, diikuti dengan rosemary, keju kambing dan kacang pain.
h) Masak semuanya dalam ketuhar selama kira-kira 11-14 minit.

100. Pizza Gaya Perancis

Bahan

- 1 kerak pizza nipis
- 2 C. anggur merah, dihiris dua
- 1/2 lb. sosej Itali, perang dan hancur
- 6 oz. keju kambing segar
- minyak zaitun extra virgin
- garam dan lada

Arah

a) Tetapkan ketuhar anda kepada 450 darjah F sebelum melakukan perkara lain.
b) Susun kerak pizza di atas kuali pizza.
c) Sapu kerak dengan minyak dan taburkan dengan garam dan lada hitam.
d) Letakkan sosej di atas kerak pizza, diikuti dengan anggur dan keju kambing.
e) Masak semuanya dalam ketuhar selama kira-kira 13-15 minit.

KESIMPULAN

Walaupun ia adalah salah satu makanan yang paling ringkas dan paling popular di dunia, piza adalah sukar untuk ditakrifkan. Berabad-abad evolusi telah mengubahnya daripada roti yang diperbuat daripada bijirin tumbuk yang merupakan anteseden terawal kepada hidangan yang, walaupun berkaitan dengan kek bijirin awal itu, hampir tidak dapat dikenali sebagai keturunan mereka. Paling ketara ialah perubahan dalam bahan utama, daripada pelbagai bijirin kasar kepada doh berasaskan gandum semata-mata, dan akhirnya kepada hidangan yang dibuat hampir secara eksklusif dengan tepung putih.

Walau bagaimanapun, walaupun pizza mempunyai banyak bentuk, dan komposisi, topping, perasa, kaedah penyediaan dan peralatan yang digunakan untuk membuatnya telah berubah secara radikal selama bertahun-tahun, ia biasanya menjadi roti rata yang dibakar pada suhu tinggi.

www.ingramcontent.com/pod-product-compliance
Lightning Source LLC
Chambersburg PA
CBHW070500120526
44590CB00013B/707